명상

명상

초판 1쇄 발행 2025년 1월 20일

지은이 구치모
펴낸이 강수걸
편집 오해은 강나래 이선화 이소영 이혜정
디자인 권문경 조은비
펴낸곳 산지니
등록 2005년 2월 7일 제333-3370000251002005000001호
주소 부산시 해운대구 수영강변대로 140 BCC 626호
전화 051-504-7070 | 팩스 051-507-7543
홈페이지 www.sanzinibook.com
전자우편 sanzini@sanzinibook.com
블로그 sanzinibook.tistory.com

ISBN 979-11-6861-414-7 03180

구치모 지음

명상

○

맨주의(bare attention) 알아차림으로
지혜를 찾아가는 과정

산지니

서언

"명상은 맨주의 알아차림으로 지혜를 찾아가는 과정이다."

명상(瞑想, meditation)은 맨주의(bare attention) 알아차림 (awareness)으로 지혜를 찾아가는 과정이다. 명상이란 선입견이 없는 벌거벗은 주의(注意) 또는 오염되지 않은 주의, 즉 맨주의로 대상(objects)을 알아차리는 통찰(insight)을 통하여 지혜(wisdom)를 찾아가는 과정이다. 명상은 선입견이 없는 벌거벗은 주의 또는 오염되지 않는 주의로 대상을 알아차리는 통찰지(洞察智)를 통해 지혜를 찾아가는 과정이다.

명상은 맨주의로 나의 마음(mind)이라는 대상을 관찰하고 나의 마음의 작용을 이해하여 나 자신이라는 존재가 누구이며 그리고 무엇인지를 통찰하여 지혜를 찾아 이를 쌓아가는 과정이다. 따라서 명상이란 맨주의로 나의 마음을 알아차리는 통찰지로 내가 누구이며 무엇인지에 대한 지혜를 찾아 이를 쌓아가는 과정이다.

명상이란 맨주의로 우리의 삶과 세상을 알아차려 우리의 삶과 세상이 무엇인지를 통찰하여 우리 모두가 어떻게 살아가야 할지를 깨달아가는 과정이다. 따라서 명상이란 우리의 삶과 세상을 통찰하여 우리가 세상을 올바르게 살아갈 수 있는 지혜를 깨닫고 이를 축적하는 과정이다.

명상이란 나의 마음과 삶 그리고 세상을 통찰하여 나의 마음과 삶 그리고 세상에 대한 지혜를 찾아 이를 축적하는 과정이다. 명상 수행으로 지혜를 축적해나가면 언젠가는 깨달음을 얻어 무명(無明), 즉 무지(ignorance)에서 벗어날 수 있다. 무명에서 벗어난 그는 세상의 거짓에 속지 않는다. 때로는 세상이 벌이는 거짓에 속아 줄 때도 있지만 내심은 결코 세상의 거짓에 휘둘리지 않는다. 그는 맨주의 알아차림 수행으로 큰 지혜를 얻어 무명에서 해방되었기에 세상의 거짓에 속을 수가 없다.

자신의 마음을 통찰하여 자신이 누구이며 무엇인지를 깨닫고, 나아가 자신의 삶을 통찰하여 삶이 무엇인지를 깨닫고, 그리고 세상을 통찰하여 세상이 무엇인지를 깨달아 큰 지혜를 갖춘 수승한 명상가는 하늘이 그에게 준 사명을 실천해가며 자신의 삶을 아무런 장애 없이 유유자적하게 살아간다. 그는 탐욕과 분노와 어리석음을 내려놓고 번뇌가 없는 청정한 마음으로 지혜로운 삶을 살아간다.

그의 마음은 자유롭고 그의 삶은 평화롭다. 그는 삶과 죽음에 얽매이지 않는 대 자유인이다.

감사 인사

    세상의 모든 만물의 발생, 성장, 유지 그리고 소멸은 연기(緣起, 인연에 따라 조건에 의지하여 함께 나타남)의 산물이다. 이와 같은 연기법에 비추어 보면, 이 조그만 저서 또한 많은 이들의 도움과 혜택 없이는 탄생하지 못했을 것임을 알 수 있다. 이 작품 이전에 존재하였던 수많은 저작물들이 없었다면 이 저서 또한 새롭게 출판될 수 없었을 것이기 때문에 이 저서에서 인용되고 참고가 된 많은 저작물의 저자와 역자들에게 먼저 감사를 올린다. 물론 그중에서도 알아차림 명상(Awareness Meditation)을 최초로 발견하고 이를 체계화하여 우리들에게 전수해준 고타마 싯다르타, 즉 붓다(Buddha)에 대한 감사가 최우선이다.

    그가 창안한 알아차림 명상을 수행한 많은 사람들의 마음이 편안해질 수 있었고, 삶의 괴로움에서 벗어날 수 있었고 그리고 행복해질 수 있었음은 역사가 증명하고 있다. 이와 같이 그는 우리들을 행복으로 인도하는 최고의 안내자로 우리들의 위대한 스승이다. 나는 그를 찬탄하며 그에게 감사를 드리고 경배를 올리지 않을 수 없다. 오! 위대한 붓다여!

그리고 명상 아카데미 회원으로 나의 제자인 동시에 벗들인 청산, 청송, 청해, 청안, 청석, 청담, 청매, 청연 그리고 고인이 된 청운에게 감사의 인사를 드리고 싶다. 이들은 오랜 세월 동안 나와 함께 명상 수행을 하면서 나의 강의를 경청해 주었다. 이들에게 감사의 인사를 나누고 싶다.

본 도서의 출판을 허락하신 산지니 출판사의 대표 강수걸 님에게 큰 감사를 드린다. 늘 산지니 철학으로 살아가는 그는 부산 출판업계에서 만형의 역할을 하고 있다. 그리고 언제나 성실한 자세로 삶을 살면서 세심하게 편집에 임하는 편집장 권경옥 님에게 감사를 드린다. 교정을 맡아 수고한 오해은 편집자에게도 감사의 인사를 표한다.

여러분들 모두 감사합니다!

차례

○

1부 알아차림 명상

2부 현대의 알아차림 명상

3부 알아차림 확립을 위한 삶

1부

알아차림
명상

○

1장에서는 먼저 초심자들이 쉽게 이해할 수 있도록
쉬운 예를 들어 알아차림 명상을 설명한다.
그리고 알아차림이라는 용어의 어원과 의미,
특성, 그리고 알아차림의 인식과정과 그 중요성을
논하고 알아차림의 역할을 밝힌다. 2장에서는
역사상 최초의 알아차림 명상이라고 할 수 있는
붓다의 호흡 알아차림 명상의 진행과정을 붓다의
원음에 따라 기술하고 이를 상세하게 설명한다.

1장
알아차림이란 무엇인가?

초심자의 알아차림

알아차림 1 : 호흡하면서 알아차리기

나는 지금 휴식을 위해 안락의자에 앉아 눈을 감고 천천히 호흡을 하고 있다. 들숨이 코로 들어가고 날숨이 코로 나오는 호흡의 과정을 알아차리고 있다. 들숨과 날숨, 즉 호흡의 전 과정을 지켜보면서 그것을 알아차리고 있다. 나의 주의(注意, attention)를 호흡에 두고 그것에 집중하고 있으며 그 호흡의 과정을 알아차리고 있다. 이로 인해 나의 몸과 마음은 고요해지면서 편안해진다.

계속하여 호흡을 알아차리고 있는 중에 머릿속에서 어떤 생각이 갑자기 떠오르고 그 생각에 나의 마음을 빼앗

긴다. 나의 마음이 머릿속에 떠오른 어떤 생각에 빼앗겼다고 느낄 때 나의 주의를 호흡으로 복귀시킨다. 즉 나의 주의를 호흡의 과정으로 이동시키고 다시 집중하여 호흡 알아차리기를 계속한다. 나는 얼마 후 졸음이 몰려와 호흡 알아차리기를 중단하고 스르르 잠에 빠져 들었다.

해설   나는 지금 나의 의식이라는 알아차림의 빛으로 들숨과 날숨의 호흡을 중단 없이 지켜보고 있다. 호흡의 과정을 지켜보면서 관찰하고 있는 이 순간이 알아차림 명상의 순간이다. 오직 호흡의 움직임을 지켜보면서 관찰하고 있을 뿐이다. 그러나 호흡 알아차리기를 하고 있는 중에 갑작스럽게 어떤 생각이 머릿속에 떠올라 호흡 알아차리기가 중단될 때는 주의를 호흡으로 다시 돌려 호흡 알아차리기를 계속한다. 나의 몸과 마음은 점점 더 고요하고 편안해진다.

알아차림 2 : 설거지하면서 알아차리기

나는 지금 아침 식사 후 주방에서 설거지를 하고 있다. 그릇에 남아 있는 반찬을 비우고, 물로 그릇을 씻고 헹구고 있다. 물이 흐르는 소리와 그릇을 씻을 때 행주와 그릇의 마찰로 일어나는 뽀드득뽀드득하는 소리가 내 귓전에 잔잔하게 울려 퍼진다. 그리고 그릇들을 건조기에 올려놓을 때 간혹 그릇들이 부딪치면서 내는 소리의 여운과 함께 나는 설거지 행위에 집중하고 있다.

그런데 바로 이때 어제 전화로 받았던 친구의 소식이 갑자기 나의 머릿속에 떠오른다. 감기에 걸려 고생을 하고 있다는 이야기이다. 빨리 쾌유하기를 바랄 뿐이다. 내가 뭐 도울 일이 없을까 하고 생각해 본다. 앗! 그런데 지금 나는 나의 알아차림 명상을 놓치고 있다. 설거지 행위에 대해 알아차리기를 하고 있는 나의 알아차림 명상을 놓치고 있다. 나는 다시 나의 주의를 설거지 행위로 돌려 설거지 행위를 알아차리면서 이 일에 집중한다.

해설   아무런 다른 생각 없이 설거지 행위를 알아차리고 있는 것은 나의 의식의 빛이 설거지를 지켜보고 있는 상태이다. 갑자기 머릿속에 떠오른 친구의 소식으로 잠깐 동안 내 의식은 설거지에 대한 알아차림에서 이탈하였지만 주의를 다시 이동하여 설거지 행위에 대한 알아차림으로 복귀하였다. 친구의 감기를 걱정하는 순간적인 마음의 상태는 바람직한 행위라고 할 수 있지만 설거지에 알아차림을 집중하는 마음의 상태에서 벗어난 것이므로 시초의 알아차림 명상 상태가 중단된 것이다. 주의를 설거지 행위로 돌려 설거지 행동을 다시 알아차리고 이에 집중하면 알아차림의 명상을 재개한 것이다.

알아차림 3 : 관찰하며 알아차리기

나는 지금 내가 살고 있는 오두막의 작은방에서 고개를 들어 창문을 통해 산봉우리 벽암봉을 바라본다. 바로 눈앞에서 웅장한 자태를 뽐내고 있는 거대한 벽암봉은 이곳 도곡마을을 병풍처럼 둘러싸고 있는 산봉우리 4개 중 3번째로 높은 산봉우리이다. 제일 큰 봉우리는 마을 뒤에 자리 잡고 있는 용암봉이고 다음이 천제봉이며 그다음이 벽암봉이다. 제일 작은 소천봉은 오두막 뒤에 자리 잡고 있다. 영남 알프스의 큰 산인 가지산의 지맥이 밀양 쪽으로 한참 흘러내려 도곡마을을 둘러싸고 있는 산봉우리들이다.

늘 함께하는 산봉우리들이지만 오늘 아침 벽암봉 자락에서 전개되는 장면은 예사롭지가 않다. 산등성이 아래에서 펼쳐지는 운무의 움직임이 오늘따라 신비롭게 느껴지기 때문이다. 운무는 아랫마을 쪽에 위치한 도곡 저수지에서 솟아오른 수증기가 안개의 모습으로 산자락을 휘감는 정경이다. 옅은 흰색의 운무는 달팽이가 기어오르듯이 슬금슬금 기어올라 벽암봉 아랫자락을 휘감아 돌면서 산봉우리 위를 향해 솟아오르고 있다. 신비롭고 아름다운 이 정경을 나는 지금 지켜보고 있다. 마치 하얀 나비가 춤을 추면서 산자락을 날아다니다 위로 올라가는 것 같은 느낌이다. 아니 저수지 밑바닥에서 솟아오른 한 마리의 하얀 용이 벽암봉을 올라 휘감아 돌면서 승천하기 위해 용암봉을 향해 비상하고 있는 모습 같기도 하다.

나는 한참 동안 경이롭고 놀란 마음으로 운무의 춤사위를 지켜보면서 즐기고 있다. 움직이는 한 폭의 신비로운 그림을 바라보고 경탄하고 있을 뿐이다. 나는 내 의식이 발하는 알아차림의 빛으로 한동안 운무의 춤을 지켜보고 있다.

해설 내 의식의 알아차림이라는 빛으로 운무의 춤사위를 바라보고 즐기고 있는 이 순간이 알아차림 명상의 순간이다. 나는 지금 다른 어떤 것을 생각하지도 않고 느끼지도 않고 있다. 오직 내 마음은 운무의 춤사위를 보며 그것을 느끼고 그것에 집중하고 그 광경에 경탄하고 있을 뿐이다. 이와 같은 나의 의식의 집중 상태를 일찍이 붓다는 알아차림(awareness)이라 하였고 우리는 이러한 상태를 명상(meditation)이라 부른다.

알아차림 4 : 걸으면서 알아차리기

나는 아리랑공원에서 산책하기를 좋아한다. 오랫동안 이 공원을 산책하였지만 지인을 만난 일이 별로 없었기에 홀로 말없이 알아차림 명상을 즐기기에 안성맞춤이다. 처음에는 공원 가운데에 있는 호숫가 주변을 천천히 걷는다. 그러다 오른발을 들어 올리고 내려 땅에 딛는 행동 하나하나를 알아차린다. 다음에는 왼발을 들어 올리고 내려 발을 땅에 딛는 행동 하나하나를 알아차린다. 동작 하나하나에 마음을 챙겨 알아차리면서 부드럽게 그리고 천천히 걷고 있는 이 행위는 걷기 알아차림 명상이다. 나는 오늘도 걷는 행위 하나하나의 동작에 마음을 챙기면서 걷는 이 순간을 즐기고 있다. 고요하게 천천히 걸으면서 지금 이 순간을 즐기고 있다.

해설 걸음걸이 하나하나의 동작에 알아차림의 빛을 보내는 일은 쉽지 않다. 동작이 빨라지면 더욱 그렇다. 따

라서 처음에는 아주 느릿느릿하게 걷기 알아차림 명상을
해야 한다. 그러다가 차츰 익숙해지면 정상보다 약간 느린
속도로 걸으면서 그 걸음걸이를 알아차리면서 걷는다. 나
의 의식을 걸음걸이 하나하나의 동작에 집중하면서 천천
히 편안하게 걷는다.

알아차림 5 : 몸을 스캔하면서 알아차리기

나는 오늘도 소파에 편안하게 누워 가볍게 눈을 감는
다. 그리고 먼저 호흡 알아차리기를 시도한다. 숨이 코로
들어가고 나오는 느낌을 조용히 지켜본다. 계속 지켜본다.
이때 나의 머릿속에 어떤 생각이 떠오른다. 나는 떠오른
그 생각을 그냥 내버려두고 다시 들숨 날숨에 주의를 보
내며 호흡 알아차리기를 계속한다.

호흡을 알아차리는 행위를 계속하는 중에 내 몸에서
일어나고 있는 어떤 느낌에 주의를 기울여 본다. 어깨에서
따끔거리는 느낌, 배에서 전해오는 더부룩한 느낌이 있을
수 있다. 그리고 몸의 어떤 부위에서 나는 얼얼한 느낌, 저
린 느낌, 쑤시는 느낌 등이 있을 수 있다. 이들 느낌이 혼
합되어 일어나는 어떤 느낌도 있다. 혹은 등이 소파와 부
딪혀 나는 느낌과 같이 몸이 다른 어떤 물체와 접촉하여

느끼는 느낌도 있다. 몸의 어떤 부위에서 일어나는 이들 느낌이나 몸 전체에서 일어나는 어떤 느낌에 주의를 보내며 그곳을 알아차리기를 계속한다. 나는 내 몸에서 일어나는 느낌을 알아차리면서 동시에 조용히 호흡 알아차리기를 계속한다.

해설　호흡을 알아차리면서 동시에 몸의 느낌을 알아차리는 몸 스캔하기 명상은 머리부터 시작하여 발끝까지, 즉 몸의 구석구석을 알아차릴 수 있는 명상이다. 처음에는 머리끝에서부터 시작한다. 그다음에는 이마, 얼굴, 코, 입, 뒤통수, 목덜미로 나아가고 종국에는 발바닥까지 나아가며 온몸을 스캔할 수 있다. 몸 전체를 구석구석 스캔하면서 몸에 대한 나의 느낌을 알아차린다. 몸의 느낌을 알아차림으로써 우리는 몸에 대해 더 잘 알 수 있고 몸에 대한 우리의 지혜를 계발할 수 있다.

알아차림이란 무엇인가?

알아차림이라는 용어의 어원

알아차림(念, sati)이라는 용어는 불교의 초기경전[1]인 디가 니까야(Digha Nikaya)에 수록되어 있는 대염처경(大念處經, Maha-Satipatthana Sutta) 그리고 맛지마 니까야(Majjhima Nikaya)에 수록되어 있는 염처경(念處經, Satipatthana Sutta)과 호흡 알아차림경(呼吸念經, Anapanasati Sutta)에서 사용된 사띠(念, Sati)란 용어를 우리말로 알아차림(awareness)으로 번역한 것이다. 고대 인도에서 사용된 사띠라는 용어를 서양에서 영어로 처음 번역하였을 때는 mindfulness, 즉 마음챙김으로 번역하였기에 이 용어가 대세를 이루었지만 최근에는 awareness, 즉 알아차림으로 번역하기도 한다.

Satipatthana라는 용어는 Sati(알아차림)와 Upatthana(확립)의 합성어로 '알아차림을 확립함' 또는 '알아차림을 강하게 함'이라는 의미를 갖고 있다. 따라서 Satipatthana Sutta, 즉 염처경은 '알아차림을 확립하는 경전 혹은 알아차림을 강하게 하는 경전'이라는 뜻이다. 그리고 Anapanasati(호흡 알아차림)는 Ana(숨을 들이쉬는 것, 즉 들숨)와 Pana(숨을 내쉬는 것, 즉 날숨) 그리고 Sati의 합성어로 들숨 날숨 알아차림, 즉 호흡 알아차림이라는 뜻이다.

알아차림(sati)의 의미

붓다(Buddha)가 그의 제자들에게 가르친 가르침은 처음에는 구전(口傳)으로 전해졌고 후대에 이르러 팔리(Pali)어로 최초로 기록되었다. 이렇게 초기경전에 기록된 사띠라는 용어 즉 알아차림(awareness) 혹은 마음챙김(mindfulness)으로 번역되고 있는 이 단어가 어떤 의미를 갖고 있는지 살펴보자.

아날라요(Analayo) 스님은 알아차림이라는 용어가 '지금 이 순간에 대한 자각'으로 '현존'의 의미를 갖고 있고 또한 붓다의 중요한 가르침을 기억하는 '기억'이라는 의미를 갖고 있다고 하였다.[2] 우 냐나로까 사야도(U Ñanaloka Sayadaw) 스님은 사띠 즉 알아차림이란 용어가 갖고 있는 의미의 요소를 3가지로 정리하였다.[3]

첫째, 알아차림은 일어난 현상을 주시·주목하는 것이라고 하였다. 알아차림은 어떤 현상이 일어나는 바로 그 순간에 주시하여 그 현상이 일어났음을 아는 것이다. 주시·주목은 당연히 주시할 대상에 집중하는 것이다. 그리고 그 집중은 탐욕이 수반되지 않는 순수한 마음 상태에서 하는 집중이라고 하였다.

둘째, 알아차림은 일어난 현상을 단지 있는 그대로 보는 것이라고 하였다. 보통 우리는 어떤 대상 혹은 존재를 인식할 때 여섯 가지 감각으로 인식한다. 그러나 대개의 경우 자신의 경험으로 축적된 '관점' 혹은 '선입견'으로 대상을 인식한다. 이러한 인식은 순수한 인식이 아니고 오염된 인식이다. 알아차림이란 일어나고 사라지는 현상을 어떤 개념이나 선입견에 입각하여 보지 않고 있는 그대로 분명하게 보는 것이라고 하였다.

셋째, 알아차림은 기억이라는 요소를 포함하고 있다고 하였다. 어떤 현상이 일어났다는 것을 아는 것은 사실 어떤 현상이 일어났다는 것을 '인식하였다'라는 의미이다. 알아차림은 그 어떤 현상이 일어났음의 인식을 다시 '아는 행위'라고 하였다. 이 순간은 찰나적인 순간이지만 방금 바로 앞에 인식한 것을 순간적인 기억으로 다시 아는 것이다. 따라서 알아차림은 전광석화와 같이 빠른 인식의 기억이다.

알아차림의 특성

혜네폴라 구나라타나(Henepola Gunaratana) 스님은 저서

『위빠사나 명상(Mindfulness in Plain English)』에서 알아차림의 특성을 다음과 같이 8가지로 설명한다.[4]

(1) 알아차림은 거울식 사고(mirror-thought)이다. 그것은 현재 일어나고 있는 것을 일어나는 방식 그대로 정확하게 반영하는 것이다. 사물의 실상이 거울에 비친 그대로 드러나듯이 왜곡 없이 반영되는 것이어야 하므로 거울식 사고라고 한다. 다만 거울 자체가 사물을 바르게 비추지 못할 경우에는 그 사물을 정확하게 반영하지 못할 수도 있다.

(2) 알아차림은 판단 없는 관찰이다. 그것은 비판 없이 관찰하는 마음의 능력이다. 현상을 있는 그대로 균형 잡힌 평정심으로 관찰하는 것이다. 일어난 현상에 대하여 어떤 판단도 하지 않고 결정도 하지 않으며 다만 관찰할 뿐이다.

(3) 알아차림은 어느 한쪽으로 치우치지 않는 주목이다. 알아차림은 기분 좋은 심리 상태에 들뜨지 않고, 기분 나쁜 심리 상태에도 위축되지 않는다. 알아차림은 모든 경험, 생각, 느낌을 동등하게 취급한다. 아무것도 억누르지 않고 감추지 않는다. 알아차림은 편파적이지 않다.

(4) 알아차림은 비개념화(nonconceptualization)의 자각이다. 즉 개념화되기 이전의 자각을 말한다. 따라서 그것은 맨주의(bare attention)의 상태로 생각이 일어나기 이전의 즉각적인 체험이다.

(5) 알아차림은 현재 순간의 자각이다. 지금 이 순간에 일어나는 현상을 관찰하는 것이다. 당신이 어제 일을 회상하는 것은 기억이지만, 지금 당신이 어제 일을 회상하고 있다는 것을 자각하면 이것은 알아차림이다.

(6) 알아차림은 자기중심적인 상태에 있지 않고 깨어 있는 상태에 있는 것이다. 알아차림의 상태에서는 '나'라는 개념이 개입되지 않는다. 가령 당신의 왼쪽 다리에 통증이 있다고 가정하자. 이 경우 보통은 "나의 왼쪽 다리가 아파"라고 인식한다. 하지만 알아차림을 확립하고 있는 수행자는 여기에서 '나'라는 개념을 비우고 단지 다리에 통증이 있다는 사실만을 받아들인다. 감각을 나의 감각으로 받아들이지 않고 그 감각을 객관적으로 바라볼 뿐이다.

(7) 알아차림은 변화에 대한 자각이다. 알아차림은 모든 현상이 발생하고, 유지되고, 쇠퇴하고, 사라지는 과정을 자각하는 것이다. 명상 의자에 앉아 자신의 내면세계가 변하고 있는 과정을 계속 주시하는 것이다. 이러한 주시를 통하여 우리는 마음의 자유를 얻을 수 있는 계기를 마련할 수 있다.

(8) 알아차림은 참여하면서 관찰하는 것이다. 명상가는 알아차림의 참여자인 동시에 관찰자라는 뜻이다. 자신의 몸의 감각과 감정을 지켜보고 있다면, 그러한 감각과 감정은 그의 내면에서 일어난 것이므로 그는 참여자이다. 동시에 그가 그것을 인식하면서 관찰하고 있기 때문에 그는 관찰자이다.

알아차림의 인식과정과 역할

알아차림의 인식과 왜곡 가능성

우리 인류 즉 호모 사피엔스(Homo Sapiens)는 다른 동물과 달리 가장 뛰어난 알아차림(awareness)이라는 신비로운 의식의 능력을 보유하고 있다. 그런데 이와 같은 신비로운 능력을 발견·활용하여 알아차림 명상을 창안하고, 우리로 하여금 이를 수행할 수 있게 하며 우리 인간들이 가진 정신적 고통인 불안, 우울, 두려움 등의 각종 번뇌를 극복할 수 있게 하고, 동시에 이를 통하여 삶에 대한 지혜를 얻게 하며 마침내 마음의 자유와 평화를 얻어 행복한 삶을 누릴 수 있게 우리를 이끌어준 사람은 고타마 싯다르타(Gautama Siddharta)이다. 그는 나중에 붓다(Buddha) 즉 깨달은 성자라고 널리 칭송되었다.

우리 인간의 삶의 과정 중에서 인지(認知)라는 정신활동을 관찰하면 인지의 과정은 대략 다음과 같이 전개된다고 볼 수 있다. 먼저 우리는 삶의 과정에서 순간순간 어떤 대상을 만난다. 대상을 만나면 먼저 그 대상을 인식한다. 그런데 맨 처음에 인식된 내용은 우리가 쉽게 이해할 수 없는 복잡하고 미묘한 내용으로 우리에게 다가온다. 즉 복잡계로 다가온다고 말할 수 있다. 이와 같은 복잡계의 내용을 우리가 쉽게 이해할 수 있도록 하기 위해서는 그 복잡 미묘한 내용을 우리의 언어 체계에 알맞게 맞추어 요약하는 단순화 작업이 필요하다. 우리의 머릿속에서 이루어지는 이러한 작업을 우리는 개념화(conceptualization)라고 한다.

개념화(槪念化)를 통하여 모호하고 추상적인 내용이

구체적인 것으로 정교화된다. 그리고 우리는 개념화된 내용에 알맞은 용어를 사용하여 처음에 인지하였던 복잡 미묘한 내용을 표현한다. 그리고 개념화된 내용 중에서 자신의 취향이나 가치관에 알맞은 것들을 골라 자신의 신념으로 삼고 그 신념에 의거해 매사를 재단하면서 세상을 살아간다. 이러한 삶의 과정의 처음에는 인지라는 행위가 있다. 이 과정을 좀 더 구체적으로 살펴보면 다음과 같다.

우리는 삶의 과정에서 만나는 대상 즉 인식하고자 하는 대상에 초점을 맞추고 그것에 주의를 보내며 그 대상을 인식한다. 인식은 인간의 보고, 듣고, 맛보고, 냄새를 맡고, 촉감을 느끼고 그리고 생각하고 상상하는 육체적 및 정신적 행동에서 시작된다. 이러한 행동을 통해서 처음으로 감각적 직관으로 마음에서 구체적인 감성적 인식이 이루어진다. 감각적 직관이 없다면 인식은 애초에 불가능할 것이다. 처음에 이렇게 형성되는 인식은 그 내용이 모호하고 추상적일 수밖에 없다. 따라서 이 내용들을 보다 구체적인 것으로 정교하게 만드는 작업이 필요하다. 이 작업이 개념화이다.

개념화란 인식한 여러 개의 내용들 중에서 공통적이고 일반적인 요소를 추출하고 종합하여 보편적인 것으로 이끌어내는 정신적인 작업이다. 개념화 작업으로 어떤 개념을 얻을 수 있고 이렇게 얻은 여러 개념들을 바탕으로 자신의 취향에 알맞은 일군의 개념을 신념과 가치관으로 삼는다. 즉 사람들은 삶과 세상에 대한 자신만의 특유한 신념과 가치관을 형성한다. 그리고 자신의 가치관과 신념에 의거하여 일상에서 부딪치는 문제를 숙고하고 판단하면서 자신의 삶을 살아간다. 이와 같이 처음의 인지로부터 시작하여 여러 단계의 과정을 거쳐 형성된 자신의 가치관과 신념을 자신의 삶에 매일 습관적으로 적용해 나가면서 자신만의 삶을 살아간다. 이러한 과정이 우리 인간이 매일의 일상에서 살아가는 정신활동의 삶의 과정이다.

그런데 문제는 이러한 인식의 과정에서 여러 가지 이유로 인식되는 대상의 본래의 모습이 왜곡될 가능성이 매우 높다는 것이다. 그중 가장 중요한 문제는 인식 이전에 이미 우리가 갖고 있는 기억과 신념 때문에 발생하는 인식 왜곡의 문제이다. 가령 어떤 대상을 인식할 때 그 대상에 대한 지금의 인식 이전에 이미 그 대상에 대한 기억이 있거나, 이전의 그 기억으로 어떤 신념이 형성되어 있다면 그 기억이나 신념이 지금의 인식 작용에 영향을 미칠 수 있다. 그렇게 되면 지금의 그 대상에 대한 올바른 인식은 처음부터 불가능할 것이다.

이와 같이 대상에 대한 올바른 인식이 불가능하게 되면 올바른 개념을 확립하는 일이 난망할 것이다. 따라서 대상을 바르게 인식하지 못한 사람이 새로운 올바른 개념 정립을 하는 일은 어려울 것이다. 그리고 올바른 가치관을 갖고 살 것이라고 기대할 수 없을 것이다. 이와 같이 바른 인식은 올바른 삶을 살기 위한 첫 번째의 중차대한 문제로 등장한다.

우리 인간들은 잘못된 인식의 결과로 비롯된 잘못된 삶, 즉 어리석은 삶을 살 가능성이 매우 높은 존재이다. 즉 인식의 오류로 인해 대상을 잘못 파악하고, 어리석은 행동을 하게 되고 따라서 어리석은 삶을 살게 될 확률이 매우 높은 존재이다. 이와 같은 어리석은 삶을 우리는 '인식 오류의 결과로 인해 발생한 어리석은 삶 또는 미치광이와 같은 삶'이라고 규정할 수 있을 것이다. 잘못된 인식의 결과를 옳다고 굳게 믿고 살아가는 우리의 삶은 '망상의 유희 속에서 허우적거리는 허위의 삶'이 될 수밖에 없다. 때문에 바른 인식의 중요성을 강조하는 일은 아무리 강조해도 지나치지 않다.

붓다는 이와 같이 인식의 오류로 인해 망상으로 점철

될 가능성이 높은 인간의 삶을 바로잡을 수 있는 방법을 발견하였다. 그것은 인간이 갖고 있는 보통의 인식 과정인 개념화 과정을 차단하는 방식이다. 그 방식은 대상이 개념이라는 도료로 칠해지고 해석으로 덧칠되기 이전의 본래 대상의 모습을 알아차릴 수 있게 하는 수행으로 가능하다. 이 방식은 우리가 보통 일상에서 작용하고 있는 의식 양태로서의 인지와는 다른 종류의 알아차림이다.

붓다가 발견한 알아차림은 지금 이 순간 우리의 안팎에서 일어나는 현상들을 초연하게 관찰하는 맨주의(bare attention) 알아차림(awareness)이다. 여기서 '맨'이란 '오염되지 않은' 혹은 '벌거벗은'이란 의미다. 따라서 '맨주의'란 '오염되지 않은 주의'라는 뜻이고 '맨주의 알아차림'은 '오염되지 않은 주의의 알아차림'이라는 의미이다. 즉 순수자각이다.

우리가 대상을 인식할 때 맨 처음으로 알아차리는 인지의 순간, 즉 맨주의 알아차림의 순간은 보통의 인식 상태에서 인식하는 행위 중에서 제일 앞의 순간에 있는 매우 짧은 순간의 자각을 말한다. 대상에 주의를 두고 인지하는 순간 중 맨 처음 순간의 자각이다. 오늘날의 과학에 의하면 사람이 사물을 인지하는 속도는 약 0.05초라고 한다.

아주 짧은 순간이다. 이 순간 맨 앞의 인지 의식은 기존의 기억이나 신념이 발붙일 수 없는 순간의 의식이다. 기존에 갖고 있는 의식에 의존하지 않는 인지이다. 이 인지는 기존의 기억이나 신념에 의해 오염되지 않은 순수의식이라고 볼 수 있다.

이런 의식은 우리의 습관화된 일상적인 삶의 과정에서는 쉽게 찾을 수 없고 활용될 수 없는 의식이다. 전광석화와 같이 재빠르게 지나가는 의식이기 때문에 그 의식의 상태를 관찰하기가 거의 불가능하다. 그러나 이 의식은 오염되어 있지 않는 순수의식이다. 따라서 우리가 대상을 있는 그대로 인식하기 위해서는, 즉 오염되지 않은 의식의 상태로 자각하기 위해서는 맨주의 알아차림이라는 순수의식의 빛으로 대상을 바라볼 수 있어야 한다.

따라서 순간적으로 흘러가는 맨주의 알아차림의 순수의식을 계발하여 이를 보통의 인식 과정에 편입시키고 이를 사용할 수 있다면 우리는 기존의 인식작용으로 인한 오류를 줄일 수 있을 것이다. 그리고 이로 인해 우리의 삶이 망상으로 점철된 허위의 삶에서 벗어날 수 있을 것이다. 보통의 의식수준에서는 습관화되어 있지 않는 맨주의 알아차림을 습관화함으로써 대상을 있는 그대로 올바르게 볼 수 있을 것이다. 그렇게 되면 바른 인식의 결과로 우리의 삶이 더욱 올바른 방향으로 전개될 수 있을 것이다.

알아차림 명상은 순간적으로 지나가는 맨주의 알아차림의 과정이 지속 가능할 수 있도록 수행하는 명상이다. 즉 오염되지 않는 순수의식이 지속 가능할 수 있게 함으로써 대상을 있는 그대로 볼 수 있게 하는 수행이다. 이 수행의 결과는 정견(正見, Right view)을 가능하게 할 것이고 따라서 올바른 삶의 확립을 가능하게 할 것이다.

여러 가지 기법으로 맨주의 알아차림이 가능하도록 하여 대상을 올바르게 인식할 수 있고, 바른 인식의 과정으로 대상을 바르게 통찰하고 지혜를 얻어 지혜를 쌓아가는 수행 과정이 명상이다. 이 수행을 통하여 맨주의 알아차림을 체득하고, 이를 통하여 삶에 대한 지혜를 얻어 어리석음으로 인한 허위 망상의 삶에서 벗어날 수 있다.

지금 이 지구에서 살고 있는 당신은 새로운 깨달음으로 얻은 맨주의 알아차림 명상 수행을 통해 삶을 바르게 살아감으로써 인간으로서의 역할을 올바르게 다할 수 있다. 이로 인해 당신의 삶은 진실한 삶이 되고, 나아가 더욱 자유롭고 평화롭고 아름다운 삶이 될 것이다.

알아차림의 역할

아날라요 스님은 알아차림을 '고요하고 초연한 관찰의 유형'이라고 하였다.[5] 그는 알아차림을 쌍고경 (Dvedhavitakka Sutta)에 나오는 소 치는 목동이 멀리서 소를 지켜보는 태도에 비유한 경전의 내용을 예로 들어 설명하였다. 그리고 그는 알아차림을 의사가 환자를 조사(probe)하는 것과 같다는 경전의 말씀을 예로 들어 설명하였다. 알아차림은 의사가 앓고 있는 환자의 병의 정보를 주의 깊게 모아서 다음 치료를 위한 기초를 마련하는 것과 같다고 하였다. 그러한 행위에 해당하는 것이 알아차림의 고요하고 초연한 관찰이라고 하였다.

이러한 비유들은 알아차림이라는 통찰이 지혜가 일어날 수 있도록 하는 데 있어서 결정적으로 중요한 역할을 하고 있음을 말하고 있다. 즉 알아차림의 고요하고 초연한 관찰을 통한 통찰로 관찰하고 있는 대상의 존재 자체와 그 존재의 발생, 성장 그리고 소멸의 현상을 있는 그대로 파악하게 할 뿐만 아니라 그 존재가 다른 존재와의 관계 속에서 어떤 의미를 갖는지에 대한 모든 것을 이해하게 하여 그 대상의 실상(實相)을 올바르게 파악할 수 있게 한다는 것이다.

알아차림의 또 다른 역할은 감각적 욕망의 세계에서 살고 있는 우리 인간을 보호하는 역할이다. 아날라요 스님은 『상윳따 니까야』 경전과 대응 경전인 『잡아함경』에 수록된, 감각적 욕망이 불타올라 결국 승단을 떠난 수행승 이야기나 사냥꾼에 의해 잡힌 원숭이 이야기, 그리고 매에게 잡혔다가 극적으로 살아난 메추라기 이야기를 통하여 알아차림의 보호적 기능을 말하고 있다.[6] 수행승이 탁발하러 갔다가 욕정을 불러일으키게 하는 여인을 본 뒤 몸과 마음이 감각적 욕망에 사로잡혀 더 이상 조용한 공간 또는 나무 아래서 수행할 수 없게 되고 결국 수행 승단을 떠나게 되었다는 이야기에서 아날라요 스님은 수행승의 행동이 알아차림의 상실로 인한 결과라고 이야기하고 있다.

히말라야 산맥의 산에서 사냥꾼들이 원숭이를 포획하기 위해 원숭이가 돌아다니고 있는 곳의 풀에 끈끈이를 발라둔다. 영리한 원숭이는 이를 멀리하여 피하지만 어리석은 원숭이는 피하지 못하고 끈끈이에 부착된다. 끈끈이에 부착되어 움직일 수 없는 원숭이는 결국 사냥꾼에 잡힌다. 알아차림의 확립이 주는 보호적인 거리두기를 하지 않아 포획된 원숭이 이야기이다.

매에게 잡힌 메추라기 이야기는 문지기로서의 알아차림의 역할에 관한 이야기이다. 메추라기는 알아차림의 확립이 없었기에 매에게 잡히고 말았다. 그러나 잡히고 나서 알아차림의 확립을 통하여 매와 싸울 수 있었고 승리할 수 있었다는 이야기다. 알아차림이 보호적 역할을 할 수 있음을 이야기하고 있다. 알아차림이 잘 확립된 사람은 자신을 잘 보호할 수 있음을 경전에 나오는 비유로 설명하고 있다.

알아차림이라는 의식의 빛을 이용하여 감각적 욕망의 세계에서 살고 있는 우리 자신을 고요하고 초연한 자세로 관찰하여 우리의 삶을 있는 그대로 볼 수 있고, 우리 자신을 보호할 수 있고, 나아가 세상을 현명하게 살 수 있는 지혜를 얻는다면 알아차림이야말로 삶에서 더할 나위 없이 중요한 통찰이 될 것이다.

2장
호흡 알아차림 명상

　　역사상 최초의 알아차림 명상은 붓다가 발견하고 창안한 것으로 불교의 초기경전인 『맛지마 니까야』에 수록된 호흡 알아차림경(呼吸念經, Anapanasati Sutta)에 의거하여 수행하는 명상수행법이다. 이 경은 호흡과 더불어 몸, 느낌, 마음 그리고 법 즉 4가지 대상 각각에 대하여 알아차림을 수행하는 수행법이다. 고타마 싯다르타는 이 수행으로 깨달음을 얻어 해탈의 경지에 들 수 있었고 나중에 붓다(Buddha)로 칭송받았다.

　　먼저 호흡 알아차림의 뜻을 설명하고 다음에 몸, 느낌, 마음 그리고 법에 대한 알아차림, 즉 사념처(四念處) 명상에 대해 설명한다.

호흡 알아차림이란 무엇인가?

호흡 알아차림 명상의 핵심을 알기 위해 호흡 알아차림경(Anapanasati Sutta)에 제일 먼저 언급된 붓다의 육성을 인용한다.[1]

"길게 숨을 들이쉴 때는 나는 길게 숨을 들이쉰다고 알아차리고 길게 숨을 내쉴 때는 나는 길게 숨을 내쉰다고 알아차린다."

"짧게 숨을 들이쉴 때는 나는 짧게 숨을 들이쉰다고 알아차리고 짧게 숨을 내쉴 때는 나는 짧게 숨을 내쉰다고 알아차린다."

호흡 알아차림은 들숨과 날숨이라는 호흡의 전 과정을 알아차리는 것이다. 위의 경전의 인용 말씀 중에서 숨을 들이쉬거나 내쉴 때 '알아차리고'의 뜻은 숨을 들이쉬거나 내쉴 때 '알아차림이라는 의식이 숨 쉬는 행위의 순간순간을 놓치지 않고 관찰한다'는 의미이다.

더 구체적으로 설명하면 호흡 알아차림이란 알아차림이라는 의식이, 숨이 콧구멍으로 들어가 목구멍을 거쳐 가슴으로 들어가고 동시에 가슴과 아랫배가 부풀어 오르는 들숨의 전 과정을 지켜보며 관찰한다는 뜻이다. 그리고 숨이 가슴에서 목구멍을 거쳐 콧구멍으로 나옴과 동시에 부풀어 올랐던 가슴과 아랫배가 꺼지는 날숨의 전 과정을 지켜보며 관찰한다는 뜻이다. 즉 들숨과 날숨의 모든 과정 하나하나에 알아차림의 빛을 중단 없이 비추는 것이 호흡 알아차림이다. 따라서 호흡 알아차림에는 반드시 호흡의 전 과정에 알아차림이라는 의식의 빛을 비추는 행위가 필요하다.

호흡 알아차림 명상 중에 갑자기 머릿속에 어떤 생각이 떠오르거나 혹은 몸에 어떤 느낌이 일어나 호흡에 대한 알아차림이 중단될 수도 있다. 이는 매우 자연스런 현상이다. 인간은 늘 이런 식으로 경험하면서 살아가는 존재이다. 이때는 당황하지 않고 어떤 생각이나 느낌으로 이동해버린 나의 주의를 호흡으로 되돌려 호흡 알아차림을 계속한다. 이때 유의할 점은 일어난 생각이나 느낌을 제거하거나 혹은 억제해야겠다고 마음을 먹지 않아야 한다는 것이다. 이렇게 생각이나 느낌에 개입하지 않고, 그것들을 그대로 두고 오직 호흡 알아차림에만 마음을 집중해야 한다. 생각이나 느낌을 곧 사라질 하나의 거품이라 여기면 생각이나 느낌은 사라진다. 생각과 느낌이 사라지기 전에 주의를 다시 호흡으로 되돌려 호흡 알아차림을 계속하면 생각이나 느낌은 사라진다.

호흡 알아차림 수행으로 인한 놀라운 결과를 『잡아함경』에서는 다음과 같이 찬탄하였다.

"호흡 수행은 성자의 세계, 신들의 세계, 청정의 세계, 배움의 세계, 더 이상 배울 것이 없는 세계, 삶 자체가 최상인 세계, 붓다의 세계이다."[2]

호흡 알아차림 수행을 하면서 살아가는 삶이 최상의 삶이라는 것을 천명하고 있다. 호흡 알아차림 수행이야말로 명상의 초석이며, 명상의 근본이며 그리고 삶의 핵심임을 강조하는 말씀이다.

몸, 느낌, 마음 그리고 법에 대한 알아차림

붓다가 제자들에게 가르친 호흡 알아차림 명상은 모두 16개의 호흡 알아차림으로 구성되어 있고 이들은 4단계로 분류된다. 몸에 대한 알아차림, 느낌에 대한 알아차림, 마음에 대한 알아차림 그리고 법에 대한 알아차림이다. 따라서 호흡 알아차림 명상을 사념처(四念處) 명상이라고 한다. 호흡 알아차림 경에 있는 붓다의 말씀을 단계적으로 제시하고 그다음에 이에 대해 해설한다.[3]

몸(body)에 대한 알아차림

1. 길게 숨을 들이쉴 때 나는 길게 숨을 들이쉰다고 알아차리고 길게 숨을 내쉴 때 나는 길게 숨을 내쉰다고 알아차린다.

2. 짧게 숨을 들이쉴 때 나는 짧게 숨을 들이쉰다고 알아차리고 짧게 숨을 내쉴 때 나는 짧게 숨을 내쉰다고 알아차린다.

3. 몸 전체를 경험하면서 나는 숨을 들이쉰다고 알아

차리고 몸 전체를 경험하면서 나는 숨을 내쉰다고 알아차린다.

4. 몸의 작용을 고요히 하면서 나는 숨을 들이쉰다고 알아차리고 몸의 작용을 고요히 하면서 나는 숨을 내쉰다고 알아차린다.

해설 몸에 대한 알아차림에서 1번과 2번은 호흡을 알아차리는 수행이다. 1번과 2번은 나머지 3번에서 16번까지의 모든 호흡 알아차림 수행을 위한 기초 수행이다. 호흡 알아차림의 수행에서는 호흡을 조절하거나 통제하지 않고 현재의 호흡 그대로, 즉 지금 숨 쉬고 있는 그대로를 알아차리는 것이 제일 중요하다. 지금 내가 하고 있는 호흡을 지켜보고 관찰하면서 그것이 길면 긴 대로 짧으면 짧은 대로 알아차린다.

3번째 수행은 수행자가 몸 전체를 느끼면서 동시에 호흡을 알아차리는 수행이다. 여기에서는 몸 전체에 대한 느낌이 전면에 등장하고 호흡은 배경으로 물러난다. 그러나 호흡은 여전히 도우미 역할을 하고 있다. 몸을 스캔하면서 몸 전체를 경험함으로써 경이롭고 미묘한 몸의 특성을 통찰하여 몸의 작용에 대한 지혜를 발견하고 이를 쌓아간다.

4번째 수행은 몸에서 일어나는 작용을 고요하게 하면서 숨을 들이쉬고 내쉬는 알아차림 수행이다. 몸과 호흡의 작용을 고요하게 하면서 몸의 작용과 성질을 더욱 쉽게 통찰하는 수행이다. 4번째 수행이 끝날 즈음에는 몸에 대한 통찰이 심오해지고 고요함이 절정에 이르러야 한다. 이 순간은 고요함 수행의 완성이라고 할 수 있다.

느낌(feeling)에 대한 알아차림

5. 기쁨을 경험하면서 나는 숨을 들이쉰다고 알아차리고 기쁨을 경험하면서 나는 숨을 내쉰다고 알아차린다.

6. 행복을 경험하면서 나는 숨을 들이쉰다고 알아차리고 행복을 경험하면서 나는 숨을 내쉰다고 알아차린다.

7. 마음의 작용을 경험하면서 나는 숨을 들이쉰다고 알아차리고 마음의 작용을 경험하면서 나는 숨을 내쉰다고 알아차린다.

8. 마음의 작용을 고요하게 하면서 나는 숨을 들이쉰

다고 알아차리고 마음의 작용을 고요하게 하면서 나는 숨을 내쉰다고 알아차린다.

해설 느낌에 대한 알아차림에서 5번은 기쁨, 6번은 행복을 경험하면서 숨을 들이쉬고 내쉬는 알아차림 수행이다. 수행의 진전으로 인해 모든 수행자가 필연적으로 느끼는 기쁨과 행복의 느낌이다. 조용한 곳에서 호흡 알아차림을 수행하면 반드시 기쁨이 솟아나고 행복이 느껴지게 마련이다. 명상에서의 기쁨과 행복은 선정(삼매)에 들어갈 수 있는 중요한 지표가 되는 느낌들이다.

7번 마음의 작용은 느낌과 더불어 생각과 감정 등을 모두 포함한 것이다. 마음의 움직임 즉 느낌, 생각, 감정 등을 경험하면서 숨을 들이쉬고 내쉰다. 수행자는 자신의 느낌, 생각, 감정 등을 경험하면서 이것들의 작용을 통찰하고 그리고 자신이 누구이며 무엇인지를 점차적으로 깨달아 가야 한다.

8번은 마음의 작용을 고요하게 하면서 숨을 들이쉬고 내쉬는 알아차림이다. 마음의 작용을 경험함과 동시에 그것들을 고요하게 하면서 숨을 들이쉬고 내쉰다. 모든 느낌과 마음의 작용을 고요하게 하면서 알아차림 수행을 계속

한다. 이 수행으로 느낌에 대한 통찰은 더욱 깊어지고 지혜는 축적된다.

마음(mind)에 대한 알아차림

9. 마음을 경험하면서 나는 숨을 들이쉰다고 알아차리고 마음을 경험하면서 나는 숨을 내쉰다고 알아차린다.

10. 마음을 기쁘게 하면서 나는 숨을 들이쉰다고 알아차리고 마음을 기쁘게 하면서 나는 숨을 내쉰다고 알아차린다.

11. 마음을 집중시키면서 나는 숨을 들이쉰다고 알아차리고 마음을 집중시키면서 나는 숨을 내쉰다고 알아차린다.

12. 마음을 자유롭게 하면서 나는 숨을 들이쉰다고 알아차리고 마음을 자유롭게 하면서 나는 숨을 내쉰다고 알아차린다.

해설 마음에 대한 알아차림 수행은 마음을 경험하고,

기쁘게 하고, 집중하고 그리고 자유롭게 하면서 숨을 들이
쉬고 내쉬는 알아차림 수행이다.

현재의 마음이 산란한 상태인가 혹은 고요한 상태인
가에 관계없이 먼저 해야 할 일은 지금의 마음을 있는 그
대로 받아들이면서, 즉 현재 상태의 마음을 있는 그대로
수용(acceptance)하면서 숨을 들이쉬고 내쉬고 지금 이 순간
의 마음을 알아차리는 것이다.

우리의 마음은 여러 가지 조건과 상황에 따라 항상 변
한다. 조건과 상황에 따라 일어나는 탐욕, 분노, 질투, 오
만, 불안, 우울, 산란함 등의 마음이 있을 수 있고 또한 공
감, 집중, 자애, 연민, 기쁨 등의 마음이 있을 수 있다. 이러
한 마음의 상태를 관찰자의 입장에서 지켜보면서 숨을 들
이쉬고 내쉬는 알아차림 수행을 한다.

나의 마음의 작용을 고요하게 하면서 관찰하면 문득
나라는 존재는 누구이며 무엇인가? 하는 질문을 자신에게
하게 된다. 마음에 대한 알아차림을 통해 만약 당신 자신
이 누구이며 무엇인가를 바로 통찰하면 그때부터 당신에
대한 당신의 지혜는 더욱 증장된다.

그리고 현재의 마음을 있는 그대로 받아들이면서 먼
저 마음을 고요히 함과 동시에 마음을 기쁘게 하고, 집중

시키고 자유롭게 하면서 알아차림 수행을 한다. 기쁜 마음, 집중된 마음 그리고 자유로운 마음으로 수행하면 알아차림 수행이 훨씬 용이해진다. 여기서 자유로운 마음의 상태란 번뇌가 없는 마음의 상태이다. 번뇌란 쉽게 말하면 탐욕, 분노 그리고 어리석음이 존재하는 마음의 상태이다. 그러나 마음에 대한 알아차림 수행의 마지막에는 기쁜 마음, 집중된 마음 그리고 자유로운 마음에도 집착하지 않는 태도가 필요하다. 그런 마음에도 집착하지 않게 될 때 지혜의 수준은 더욱 깊어진다.

법(dhamma)에 대한 알아차림

13. 무상을 바라보면서 나는 숨을 들이쉰다고 알아차리고 무상을 바라보면서 나는 숨을 내쉰다고 알아차린다.

14. 집착이 사라지는 것을 바라보면서 나는 숨을 들이쉰다고 알아차리고 집착이 사라지는 것을 바라보면서 나는 숨을 내쉰다고 알아차린다.

15. 번뇌의 소멸을 바라보면서 나는 숨을 들이쉰다고 알아차리고 번뇌의 소멸을 바라보면서 나는 숨을 내쉰다

고 알아차린다.

16. 모든 것의 놓아버림을 바라보면서 나는 숨을 들이 쉰다고 알아차리고 모든 것의 놓아버림을 바라보면서 숨을 내쉬는 것을 알아차린다.

해설　13번의 무상(無常)이란 세상에 존재하는 모든 사물이나 그 사물의 모든 작용이 고정되어 있지 않고 변한다는 뜻이다. 특히 수행자인 당신의 마음마저도 끊임없이 변화하는 흐름 속에 있는 에너지의 장이라는 사실을 당신은 알아야 한다. 당신은 그러한 사실을 내면의 눈으로 바라보아야 한다. 그렇게 바라보면 당신의 몸과 마음이 지금 이 순간에도 변하고 있음을 깨닫는 지혜를 얻게 된다. 이러한 지혜를 얻게 되면 당신은 당신이 붙잡을 수 있는 자아(self) 또는 영혼(soul)이라는 실체가 존재하지 않는다는 사실을 확실히 깨닫게 될 것이다.

계속 변하는 모든 작용의 본질을 통찰하면 지혜의 큰 문이 열리기 시작한다. 우리의 삶이 무상함을 온전하게 깨닫게 된다. 무상을 완전히 이해하면 삶이 고(苦)임을 이해하고 깨닫게 된다. 무상하기 때문에 괴로움이 점철될 수밖에 없다. 그리고 무상을 완전히 깨닫게 되면 무아(無我, non-self)의 진리를 꿰뚫어 볼 수 있다. 본래 나라는 실체가 실재하지 않았음을 깨닫게 된다. 무상(無常), 고(苦), 무아(無我)는 붓다의 삼법인(三法印)[4]이다.

14번의 집착은 우리를 탐착과 애증으로 인도하는 모든 불선업(不善業)을 말한다. 그리고 사라진다는 말의 의미는 오염 상태가 깨끗하게 정화된다는 것을 뜻한다. 무지 속에서 욕망의 삶을 살고 있는 우리 인간들은 이미 오염되어 있는 존재들이다. 이 오염에서 벗어나지 않으면 어리석은 삶을 계속 살 수밖에 없다. 수행자는 호흡 알아차림 수행으로 무상을 바라보고 이해함으로써 삶의 고를 알고, 무아를 깨달아 집착이 사라지도록 하여 모든 오염에서 벗어날 수 있어야 한다.

15번의 호흡 알아차림 명상에서 말하는 번뇌의 근본은 탐·진·치이다. 탐(貪)이란 욕망을 뜻하고, 진(瞋)이란 분노를 의미하며 치(痴)는 어리석음을 뜻한다. 일명 삼독(三毒)이라 한다. 진정한 해탈, 즉 삶에서 얻는 자유란 삼독에서 벗어나는 것이다. 호흡 알아차림 수행으로 당신 자신의 삶을 깊이 꿰뚫어 보는 통찰의 길로 나아가 탐진치를 제거하여 지혜를 얻어 당신은 마음이 어떤 것에도 얽매이지 않는 자유로운 평화의 삶을 살 수 있다.

16번의 놓아버림은 마음이 잡고 있던 모든 것을 즉각 놓아버리는 것으로, 마음이 잡고 있는 모든 것을 철저히 소멸시켜 열반으로 나아가는 과정이다. 종국에는 자아의 마지막 자취가 사라지는 경지에 이르러야 한다. 수행자가 무상, 고, 무아의 삼법인을 깨닫고 탐진치의 삼독을 소멸시켜 나가는 수행을 계속하면 마침내 집착하는 마음이나 대상을 놓아버리는 경지에 이르게 된다. 이 상태의 마음을 공(空)이라 한다. 이런 공의 상태에 도달하기 위해 마음에 담고 있는 것을 내려놓는 것을 방하착(放下着)이라 한다. 모든 것을 내려놓아 참으로 '나'라고 할 만한 것이 전혀 남아 있지 않는 상태가 열반이다.

붓다의 호흡 알아차림 명상에서는 먼저 몸과 마음을 고요하게 해야 한다. 고요하고 맑은 물속에서 물고기가 선명하게 잘 보이는 것과 같이 내 몸과 마음을 고요하게 함으로써 내가 보고자 하는 나의 마음과 그리고 다른 대상을 명확하게 볼 수 있다. 내 마음의 작용을 있는 그대로 볼 수 있고 또 그 마음을 있는 그대로 수용하면서 기쁘게 하고, 행복하게 하고, 자유롭게 하면서 동시에 호흡을 알아차리는 수행이 호흡 알아차림 수행이다. 그리고 무상을 관찰하여 고를 알고 무아의 길로 나아간다. 집착을 사라지게 하고 번뇌를 소멸시키고 모든 것을 놓아버리는 통찰 수행으로 호흡 알아차림 수행을 완성한다.

이 길은 통찰의 길이요 통찰을 통하여 지혜를 쌓아가는 과정이다. 몸과 마음을 고요하게 하고, 통찰을 통하여 내가 누구이며 무엇인지 그리고 삶에 대한 지혜를 쌓아 우리의 삶을 더욱 자유롭게 하여 우리가 바라는 행복한 삶으로 나아가게 하는 명상이 호흡 알아차림 명상이다.

2부

현대의
알아차림 명상

○

붓다 이후 2,500여 년 동안 알아차림 명상은 출가한 스님들만이
수행해 왔고 따라서 그들의 전유물이었다. 오늘날 세속의 일반 대중들이
즐기고 있는 현대의 알아차림 명상의 큰 줄기는 지난 세기 후반에
존 카밧진(Jon Kabat-Zinn)에 의해 미국에서 시작되어 전 세계로
전파된 알아차림 명상이다. 유럽에서 현대의 알아차림 명상을 주도한
명상가는 2010년에 영국에서 '마음챙김협회'를 창립한
로브 네른(Rob Nairn)이다.

3장
현대의 알아차림 명상

현대의 알아차림 명상의 역사[1]

　전통적으로 명상은 출가한 스님들만이 사원에서 수행해 왔고 일반 대중에게는 개방되지 않은 채 수천년 동안 대를 이어 전승되어 왔다. 현대에 종교 시스템 밖에서 일반인들이 수행할 수 있는 세속적인 알아차림 명상 코스를 처음 개발하고 도입한 사람은 미국 매사추세츠 대학교 교수였던 존 카밧진(Jon Kabat-Zinn)이다.[2] 그는 1980년대 초 건강이라는 큰 맥락에서 만성병들을 다루기 위한 수단으로 8주 명상 코스를 개발하였다. 그가 개발한 프로그램은 「마음챙김에 근거한 스트레스 완화(Mindfulness Based Stress Reduction: MBSR)」 프로그램이다. 그는 저서 『마음챙김 명상과 자기치유(Full Catastrophe Living)』(1990)에서 이 프로그램을 설명하였다.

　존 카밧진에 의해 시작된 증거에 근거한 마음챙김(알아차림) 명상의 접근법은 임상실험에서 그 효과가 드러나기 시작하여 점차 확대되었고, 나중에는 이 방법이 만성통증, 당뇨병, 심장병 같은 병을 가진 사람들의 증상을 완화시키는 데 효과가 있음이 밝혀졌다. 더욱 중요한 점은 다른 많은 연구 결과에서도 마음챙김(알아차림) 수행이 사람들의 삶을 더욱 풍요롭게 하고 육체와 정신의 안녕에 이바지하고 있음이 알려졌다는 것이다.

　마음챙김(알아차림) 명상 연구의 대부분은 8주 코스에 입문한 사람들에게 이 코스에 입문하여 수행을 시작하기 전에 설문지를 주어 그들의 안녕과 스트레스 강도, 자기연민 그리고 알아차림에 대해 질문을 하였다. 그리고 그들이 마음챙김 명상 코스를 수행한 이후 그들에게 다시 질문하여 마음챙김 명상 코스 수행 이전과 이후를 비교하여 통계적으로 유의미한 변화가 있는지를 검증하였다. 그리고 마음챙김 명상 코스의 수련 전과 수련 후의 침(타액)을 표본으로 신체의 항체를 비교하는 연구를 하였다. 이 연구들에서 마음챙김 명상 코스 수행 후에 스트레스가 현저히 감소되었고 면역기능이 개선되었음이 밝혀졌다. 그리고 뇌 영상을 촬영한 결과도 마음챙김 수행 이전에 비해 마음챙김 수행 이후의 뇌의 활동에 큰 변화가 있었음을 보여주었다.

이들 변화는 마음챙김 8주 코스에서 1주에 6일간 참가하고 하루에 45분 수행을 한 참가자들에게서 발견된 것이다. 8주 만으로 상당한 변화가 있었음이 밝혀진 것이다. 마음챙김 수행을 하는 초심자들에게는 희소식이었다. 이후의 많은 연구에서도 8주 수행에 참가한 참가자들이 더 많은 효익을 얻고 있음이 계속해서 밝혀졌다.

1990년대 중반에 이르러 마크 윌리엄스(Mark Williams), 존 티즈데일(John Teasdale), 그리고 진델 시걸(Zindel Segal)은 우울증을 앓고 있는 사람들을 집단 치료하는 방법을 MBSR에 근거하여 찾기 시작하였다. 이것이 8주간의 마음챙김에 근거한 인지치료(MBCT)[3]이다. 이것은 존 카밧진의 MBSR에 근거하고 있지만 인지행동심리요법(Cognitive Behavioral Psychotherapy)을 포함하고 있다. 그들은 2002년에 『마음챙김에 근거한 우울증 인지치료(Mindfulness-Based Cognitive Therapy for Depression)』를 출간하였다. 이 코스는 사람들이 자신의 마음의 문제를 해결하려는 시도를 반복하

지만 오히려 더욱더 우울해지는 생각을 반추하는 습관을
완화시키는 것을 목표로 하였다.

로브 네른과 마음챙김협회

로브 네른(Rob Nairn)은 티베트 불교 전통을 이어받은
명상가이다. 그는 일찍이 달라이라마로부터 명상 지도를
권유받은 이후 40여 년 동안 명상을 지도하였다. 그는 명
상 지도에서 불교 용어를 사용하는 대신 서구인들에게 친
숙한 심리학 용어를 사용하였다. 그는 수많은 명상가들로
부터 배운 지식을 바탕으로 인간의 마음의 움직임에 관한
자신의 해박한 지식을 활용하여 그만의 수행법을 만들어
이를 일반 대중들에게 가르쳤다. 그는 제자들이 명상 수행
을 할 때 수행을 효과적으로 할 수 있도록 많은 미묘한 장
애물을 다룰 수 있게 도움을 줄 수 있는 능력의 소유자이
다. 로브 네른의 저서 『금강석 마음: 명상의 심리학』(2001)
은 그 자신의 수행법으로 통찰을 통하여 지혜를 얻을 수
있게 하는 가르침이다.

2008년도에 로브는 초덴(Choden)과 헤더 리간아디스

(Heather Regan-Addis)의 도움을 받아 마음챙김 명상의 체계적이며 혁신적인 8주 프로그램을 개발하였고 이를 대중들에게 지도하였다. 이 프로그램의 명칭은 「마음챙김에 근거한 삶의 코스(Mindfulness Based Living Course)」[4]이다. 이 코스는 입문과정으로 8주 동안 수행하는 프로그램이지만 이후 더 높은 후속 과정으로 연결된다. 이 프로그램은 현재 영국, 아일랜드, 아이슬란드, 남아프리카, 벨기에, 이탈리아, 스페인, 폴란드에서 유행하고 있다. 로브 네른은 2010년에 마음챙김협회(Mindfulness Association)를 창립하여 마음챙김 명상을 유럽을 중심으로 전 세계에 보급하는 데 공헌하였고 2023년에 타계하였다.

로브 네른의 알아차림 정의

영국의 명상가 로브 네른은 저서 『마음챙김과 통찰(From Mindfulness to Insight, 구치모 · 김광수 · 최우영 옮김)』[5]에서 마음챙김(알아차림)을 다음과 같이 정의하였다.

"어떤 일이 발생하고 있는 동안, 발생하고 있는 그것을 선호 없이 아는 것."

이 정의에서 '아는 것(앎)'이란 우리의 마음속에서 일어나고 있는 것이나 혹은 외부 환경에서 일어나고 있는 것을 알아차리는 것이고, 우리가 알아차리고 있는 것을 아는 것이다. 그리고 그것을 선호 없이 아는 것이다. 좋아하고 싫어하는 선호가 없는 맨주의 알아차림이다. 따라서 알아차림을 수행할 때 반드시 유념해야 할 요점은 항상 마음속에서 일어나고 있는 것이나 외부 환경에서 일어나고 있는 것을 맨주의로 관찰하여 알아차려야 한다는 것이다.

그러나 알아차림 수행 중에도 머릿속에서 다른 생각이 떠오르고, 그 생각에 빠지고, 그 생각에 사로잡혀 원래 하고 있던 알아차림을 놓치는 경우가 많다. 이와 같이 우리가 어떤 일을 하고 있는 경우에 지금 하고 있는 일을 관찰하여 바로 알아차려야 하지만 그렇지 못하고 머릿속에는 엉뚱한 다른 생각이 일어나 그 생각에 사로잡히게 되는 경우가 많다. 이렇게 다른 생각에 빠지는 경우는 수행의 경로에서 이탈한 것이므로 수행을 계속하기 위해서는 원래의 알아차림 상태로 복귀하는 일이 요구된다.

우리의 일상적인 삶에서는 우리가 어떤 행위를 할 때 마음 챙겨 집중하여 일을 처리하는 경우가 드물고 거의 대부분 우리는 자동조종(autopilot) 모드[6]에 빠져 습관적으로 일을 처리하며 살아가고 있다. 예를 들어 부엌에서 설거지를 하면서도 설거지 행위에 마음을 집중하지 않고 손은 설거지를 하고 있지만 머릿속에는 다른 생각을 떠올려 오락가락하는 경우가 대부분이다. 이것이 우리의 보통의 삶이다.

우리는 지금 하고 있는 일에 집중하여 알아차리고 있기보다는 다른 생각에 빠져서, 즉 어제 있었던 일을 후회하는 생각 혹은 내일 할 일에 대해 걱정하는 생각에 빠져서 습관적으로 하던 일을 하고 있다. 대부분의 경우 우리는 지금 하고 있는 일을 온전하게 알아차리고 있는 현존 상태에 있다기보다 마음속에 떠오른 어떤 다른 생각에 빠져 있는 상태에서 시간을 보내는 경우가 많다. 그리고 어떤 경우에는 하나의 생각에 강박적으로 매달리기도 한다. 혹은 어떤 생각을 할 때에도 그 생각이 일련의 다른 생각으로 바뀌기도 하고 분별(分別)[7]에 빠져 더 이상 순간순간의 경험이 갖는 직접성과 선명성을 잃은 채 살아가고 있다. 이와 같이 우리 대부분은 오늘도 일상생활에서 생각하면서 분별하면서 바쁘게 살아가고 있다.

우리의 삶이 이와 같은 자동조종 모드에 끌려 습관에 따라 영위되는 기계적인 삶이 될 때 우리는 그러한 삶을 무지(ignorance)의 삶이라 한다. 알아차림이 없는 무지의 삶이다. 알아차림이 없는 무지의 삶은 우리를 둑카(dukkha), 즉 괴로움에 빠지게 한다. 우리가 둑카라는 괴로움의 굴레에서 벗어나 보다 자유롭고 평화로운 삶을 살기 위해서는 둑카에 빠지지 않는 수행, 즉 알아차림 수행을 통해 통찰의 길로 나아가야 한다. 우리는 알아차림 수행을 통하여 강박적 사고의 습관적인 삶에서 벗어나 통찰의 길로 나아가 지혜를 얻는 삶을 살아가야 할 것이다.

정좌 알아차림 명상 수행

지금부터는 방석이나 혹은 의자에 정좌하여 알아차림 명상 수행을 공식적인 절차에 따라 단계를 밟아가며 수행하는 방식을 제시한다. 알아차림은 일상생활에서 언제 어디서에서나 항상 가능하지만 통찰이 가능할 수 있도록 그 깊이를 더욱 깊게 하기 위해서는 바르게 앉아 알아차림 수행을 공식적으로 수행하는 것이 좋다. 그 단계로는 수행의 자세, 의도와 동기, 안정화, 접지화, 안식화, 지원 그리고 안식과 지원의 교대가 있다.

자세(posture)

공식적인 정좌 알아차림 명상 수행에서는 자세가 중요하기 때문에 수행의 자세에 대해 상세히 설명한다. 올바른 자세가 수행을 바른 길로 인도한다. 올바른 자세로 고요한 상태를 유지함으로써 몸과 마음을 안정시켜 수행을 장시간 진행할 수 있기 때문이다.

전통적으로는 명상을 방석 위에서 해 왔지만 오늘날에 와서는 의자에 앉아서 수행하는 것도 인정된다. 몸과 마음을 안정시켜 수행을 지속하는 일이 의자에 앉아서도 가능하기 때문이다. 방석 위에서는 가부좌 자세를 취하거나 책상다리 혹은 무릎을 꿇어서 수행한다. 그리고 허리를 펴서 등뼈를 곧게 한다. 가슴을 펴야 하고 고개를 약간 숙인 상태에서 눈을 가볍게 뜨고 앞을 본다. 손을 무릎 혹은 허벅지 위에 놓거나 아랫배의 단전 위에 놓되 편안함이 담보되는 자세가 되도록 한다. 동시에 얼굴, 어깨 그리고 복부의 긴장을 완화한다. 의자를 사용할 때도 방석에서 하는 동일한 자세를 유지하거나 혹은 약간 변형된 자세를 유지하되 이를 위해서는 팔걸이가 없는 식당 의자를 사용하여야 하고 등을 의자에 기대지 않도록 해야 한다.

자세가 중요하다. 자세는 알아차림 수행이 이루어지는 신체적 공간을 담보하기 때문이다. 마음의 작용이 진행되는 과정을 지켜보며 알아차리기 위해서는 편안한 자세가 담보되어야 한다. 내 몸 안에 있는 내면의 생각, 느낌, 지각과 그리고 이들 사이에 있는 공간을 감지하고, 이 공간에 생기를 불어넣고, 그리고 알아차림을 유지하기 위해서는 먼저 편안한 자세가 필요하다. 올바른 자세는 이와 같은 수행을 하기 위한 조건을 만든다.

의도와 동기(intention and motivation)

자세를 바로잡고 난 뒤 의도를 반영하는 것으로부터 알아차림 수행을 시작한다. 나의 몸과 마음에 물들어 있는 불건전하고 사악한 요소를 제거하고 치유하여 바른 사람, 자유로운 사람, 평화로운 사람 그리고 행복한 사람이 되기 위해 나는 지금 수행을 하고 있다. 우리의 이러한 의도는 강력하다. 따라서 수행 중에 어떤 어려운 난관에 봉착하더라도 이를 극복할 수 있어야 한다. 가령 수행 중에 졸음이 밀려오면 수행을 하기 전에 가졌던 의도를 상기하고 세수를 한 뒤 다시 수행에 임해야 한다. 바쁜 일과의 삶 속에서도 일정 시간을 확보하여 명상 수행을 즐길 수 있는 힘은 우리의 강력한 의도 때문에 생긴다. 의도의 힘은 강력하다. 왜냐하면 그것이 우리가 원하는 방향으로 우리의 마음을 향하게 하는 힘을 주기 때문이다. 우리의 에너지는 우리가 원하는 방향으로 흐른다.

다음에는 수행의 동기를 반영한다. 의도가 우리가 하고 있는 행동의 목적을 명확하게 하는 것이라면 동기는 그 행동을 하는 이유를 밝히는 것이다. "나는 왜 알아차림 수행을 하고 있나?" 나의 가장 깊은 곳에 숨어 있는 가능성을 발굴하고 이를 활성화시켜 나에게 유익을 줄 수 있기 때문이다. 그리고 다른 사람에게도 유익을 줄 수 있기 때문이다. 수행 중에도 수시로 동기를 회상하여 알아차림 수행에 에너지를 불어넣는 수행의 동기를 반영해야 한다. 의도와 동기에 대한 반영을 한 후에는 본격적으로 알아차림 수행의 본 단계에 진입한다.

안정화(settling)

이 단계는 마음을 안정시켜 고요하게 하는 단계이다. 마음을 안정시키기 위해 먼저 해야 하는 일은 호흡을 조절하는 것이다. 즉 호흡 수행이다. 보통 일상생활에서의 호흡보다 더 느리게 들숨과 날숨을 들이쉬고 내쉰다. 그리고 들숨과 날숨을 쉬면서 숫자를 센다. 들숨에 3 내지 4까지 세고 날숨에도 3 내지 4까지 센다. 천천히 숫자를 세면서 호흡을 알아차린다. 들숨에 하나 둘 셋 넷 세고 날숨에 하나 둘 셋 넷 센다.

호흡을 알아차리고 숫자를 세는 것에 주의를 두고 집중함으로써 현재의 순간에 초점을 맞출 수가 있다. 현재의 순간에 초점을 맞출 수 있으므로 우리는 생각이나 혹은 다른 활동에 관여하지 않게 된다. 이것이 마음을 안정시키는 방법이다.

접지화(grounding)

마음이 안정되면 숫자 세기를 중단하고 몸에 대한 감각을 알아차리는 단계로 나아간다. 몸의 어떤 곳에서 일어나는 감각을 알아차리는 것이다. 몸의 감각에 대한 알아차림도 마음을 현재에 머물 수 있게 하는 수행이다. 마음은 과거와 미래로 왔다 갔다 할지라도 몸은 언제나 현재에 존재하고 있기 때문에 몸에 대한 알아차림을 여는 것이 자신의 마음을 현재에 머물 수 있게 한다. 몸에서 어떤 느낌도 찾을 수 없다면 발이 바닥에 닿고 있는 느낌 혹은 엉덩이가 의자 면에 접촉하고 있는 느낌에 주목한다. 가능하다면 몸의 각 부위에 대한 스캔을 머리끝에서 시작하여 발끝까지 할 수도 있다.

몸에서 일어나는 느낌을 느끼는 이 기술은 통찰을 일어나게 하는 중요한 기술이다. 이것은 몸에 체화된 (embodied) 느낌의 경험이 우리의 분별하는 마음이 접속할 수 없는 숨겨진 지혜의 저수지에 접속할 수 있게 한다. 우리의 몸 안에는 많은 개인의 감정의 역사가 내장되어 있다. 몸의 미세한 느낌이나 감각에 접속하는 것과 몸 안에서 쉬는 것은 우리 존재의 깊숙한 곳과 소통하는 연결 통로를 여는 것이다.

접지화의 마지막에 이르러서는 나의 몸을 나의 몸으로 여기지 않는 태도를 기른다. 나의 몸을 객관적으로 보면서 나의 몸에 대한 집착을 줄여 나간다.

안식화(resting)

접지화를 지나 안식화에 이르면 몸과 마음의 긴장은 완전히 사라지고 몸과 마음을 온전히 쉴 수 있는 상태가 된다. 심신의 고요함 속에서 명상은 본격적으로 진전된다. 이제는 몸의 어떤 한 곳에 대한 알아차림에서 몸 전체에 대한 알아차림으로 나아간다. 몸을 대상으로 하여 그것을 하나의 전체로 인식하는 알아차림의 문을 연다. 이들 알아차림으로 몸에 대한 이해가 깊어지고, '나'라는 존재는 몸이 있기 때문에 마음이 있고 따라서 몸과 마음이 하나임을 알게 된다.

다음에는 몸을 둘러싸고 있는 사물들에 대한 알아차림을 한다. 예를 들어 내 앞에 있는 책들과 책상을 알아차리고 그리고 창문과 벽을 알아차린다. 그리고 주변의 시각적 인상, 냄새, 소리에 대해서도 알아차림을 한다. 외부의 환경에 대한 알아차림이다. 외부의 대상을 있는 그대로 알아차리는 수행이다.

다음에는 맨주의의 방향을 내면으로 돌려 내 마음에 있는 생각과 지각에 대한 알아차림을 한다. 나의 마음에 대한 알아차림 명상이다. 우리는 우리의 마음의 움직임을 중단시킬 수 없다. 생각, 불안, 두려움, 희망 등의 작용을 어찌할 수 없다. 그러나 수행과 인내로 그것들을 천천히 다룰 수 있어야 한다. 명상의 이 순간 나의 마음의 작용은 어떻게 움직이고 있는가? 어떤 판단도 없이 객관적으로 내 마음을 관찰한다. 그것을 나의 마음이라고 여기지 않고 관찰한다. 이 과정에서 마음의 작용을 알게 되고 이해함으로서 내가 누구이며 무엇인지에 대한 통찰을 시작한다. 그리고 지금 이 순간의 마음의 작용을 알아차린 후에는 다음 순간의 마음의 작용을 알아차리고 종국에는 마음의 작용의 흐름을 알아차린다. 그리고 나의 마음을 고요히 바라본다.

다음에는 내 마음을 묶고 있는 것들을 바라본다. 그것들은 나의 신념, 태도, 고정관념 그리고 가치관 등이다. 나는 이들 관념에 묶여 살아가고 있다. 이것들이 나의 판단을 좌지우지하면서 나의 삶을 결정하고 있다. 이것들이 나의 정체성을 만들고 있다. 나는 이들의 노예가 되어 습관적인 삶을 살고 있다. 문득 근본적인 질문이 떠오른다. 정말 이런 나의 삶이 올바른 삶일까? 그리고 바로 다음 질문을 떠올린다. 나는 이들 관념들에 왜 그리고 어떻게 묶이게 되었을까?

지금 당장 명확한 해답을 찾지 못하겠지만 어렴풋하게나마 나의 어린 시절의 양육 과정이 머리에 떠오르고 그리고 우리의 문화가 나의 삶에 미친 영향을 미치고 있음을 이해할 수 있다. 인간이란 이와 같은 존재일까? 나는 깊은 사색 과정의 소용돌이에 빠져든다. 시간이 지나 이 상황에서 빠져나오고 싶을 때는 지원의 힘을 빌린다. 지원을 통하여 현재의 상황에서 벗어나 본래의 안식의 상황으로 이동한다.

안식이란 우리의 감각을 통하여 우리에게 오는 모든 경험과 함께 존재하면서 쉬는 것이다. 따라서 우리는 이 단계에서는 우리 경험의 모든 것 한가운데에서 그들 경험을 허용하고 받아들이는 느낌과 함께 편하게 쉬는 일이 중요하다. 안식은 우리 경험의 모든 측면—그것은 좋은 것, 좋지 않은 것, 엉망인 것 그리고 부끄러운 것 등이 있다—을 열고 그것들 한가운데서 단순히 현존하면서 쉬는 것이다. 우리의 지혜는 이미 우리 안에 있지만 우리의 에고(ego)가 그것을 가로막고 있기 때문에 지혜의 문을 열기 위해서는 그렇게 해야 한다.

안식은 우리 내면의 지혜의 문을 열고 지혜가 의식의 알아차림 속으로 나오게 하는 통로를 만든다. 초심자는 안식의 국면에 오래 머물 수 없다. 왜냐하면 우리의 마음이 곧 산만해져서 어떤 다른 생각에 빠져버리기 때문이다. 따라서 우리는 알아차림 수행을 계속하기 위해 지원의 힘을 빌려야 한다.

알아차림 지원(awareness support)
여기서 지원이란 안식화 단계에서 마음이 어떤 생각이

나 지각의 흐름에 빠져 그 생각이나 지각의 흐름에서 빠져나올 수 없을 때, 마음이 빠져나올 수 있게 도움을 주는 호흡이나 소리를 말한다. 알아차림 수행 중에 생각이나 지각의 흐름에 빠졌다는 것을 알아차렸을 때 자신의 주의를 호흡이나 소리로 돌려 그 생각이나 지각의 흐름에서 빠져나올 수 있고 마음을 다시 안정시킬 수 있다. 그리하여 다시 접지화를 거쳐 안식화에 이르고 안식할 수 있다. 이렇게 우리는 지원의 힘을 빌려 명상을 계속할 수 있다.

그러나 지원을 이용할 때에는 이것을 가볍게 사용해야 한다. 이 지원이 우리의 내면이나 혹은 바깥에 있는 것에 대한 우리의 알아차림을 방해하지 않아야 하기 때문이다. 알아차림 수행의 안식화 단계에서는 우리의 내면에 대한 알아차림 그리고 주변에 대한 알아차림을 동시에 유지하는 것이 중요하다.

예를 들어 손님이 많은 식당에서 음료수를 나르는 종업원의 경우를 보자. 종업원은 음료수를 안전하게 운반하기 위해 음료수 잔에 주의를 기울여야 하지만 주변에 있는 손님들도 의식해야 한다. 만약 주변에 서성이고 있는 사람들을 무시하고 음료수 잔에만 주의를 기울인다면 주변의 사람들과 부딪혀서 음료수를 쏟을 수 있다. 반대로 음료수 잔에 대한 주의는 무시하고 주변에 있는 사람들에게만 주의를 두어도 역시 음료수를 쏟을 가능성은 높다. 음료수와 주변 손님에 대한 주의가 모두 필요하다.

알아차림 수행에서 지원을 이용해야 할 경우에는 위와 같은 방식으로 지원을 사용한다. 알아차림 수행을 유지하기 위한 호흡이나 소리라는 지원에 주의를 가볍게 보내면서도 동시에 안식 상태에서의 알아차림을 계속 유지해야 한다. 우리는 우리의 몸과 가볍게 접속하면서 우리의 내면이나 주변에서 진행되는 모든 경험을 알아차리는 수행을 계속하고 있다.

지원에는 보통 호흡과 소리가 있다. 호흡을 지원으로 이용할 때는 이 호흡을 가볍게 사용하면서 다른 모든 경험에 대한 알아차림을 유지한다. 애초에 안식화 상태에서 어떤 생각이 불쑥 떠올라 안식을 방해받았기 때문에 호흡의 힘을 빌려 몸과 가볍게 접속하면서 생각에서 멀어지고 다시 안식 상태에 접속할 수 있다. 이 경우 보통 호흡에 20% 정도, 접지와 안식상태에 80% 정도의 주의를 기울인다. 소리를 지원으로 이용하는 경우에도 마찬가지이다. 소리를 지원으로 이용하는 경우의 소리는 우리의 주변에서 들리는 소리뿐만 아니라 우리 내면의 소리도 이용할 수 있다. 다만 어느 경우이든 소리를 적극적으로 경청하지 않고 귀에 들리는 그대로 소극적으로 받아들인다.

알아차림 수행에서 호흡이나 소리를 지원으로 이용할 경우에 특히 유념해야 할 사항은 호흡이나 소리 자체에 이끌려 다른 모든 경험을 배제하는 경향으로 흐를 수도 있음을 알아야 하는 것이다. 지원을 이용하는 경우는 마음이 방황하고 있는 경우이기 때문에 마음 방황을 끝내기 위하여 지원에 더 강하게 집중할 가능성이 높다. 그러나 이렇게 하면 역효과가 난다. 마음에 긴장이 생기고 안식을 가져오면서 지속시키는 열린 알아차림(open awareness)[8]이 배제되기 때문이다. 따라서 지원을 이용하는 최상의 방법은 실패한 감각을 받아들이면서 긴장을 완화하고 마음이 현재에 머무는 것과 산만해지는 것 사이에서 가볍게 왔다 갔다 하는 것이다. 그리고 그 사이에는 부분적인 산만함도 있다. 이렇게 수행하면 생각이나 느낌이 오고 가는 것을 알아차릴 수 있을 뿐만 아니라 진행하고 있는 알아차림을 유지하면서 안식할 수 있다.

안식과 지원의 교대
수행이 어느 정도 안정되면 지원을 놓아버리고 마음

의 흐름을 관찰할 수 있다. 이제 우리는 우리의 주의를 지원—호흡 혹은 소리—에 두지 않고 우리의 경험에서 일어나는 많은 것들, 예를 들어 생각, 느낌, 감정, 이미지 등을 알아차릴 수 있다. 여기에서는 몸과의 연결을 유지하고 이 순간의 온전한 경험에 알아차림을 여는 것이 중요하다. 즉 지원을 놓아버리고 안식화의 국면에 머문다. 그러다 필요하면 다시 지원으로 돌아온다. 지원은 알아차림 수행에서 필요할 때 항상 되돌아올 수 있는 닻과 같은 것이다. 그러다 마음이 안정되면 지원을 놓아버리고 경험의 흐름을 가볍게 인식하며 바로 쉰다.

지원에 초점을 가볍게 두는 것과 그것을 놓아버리고 열린 알아차림이 존재하는 곳으로 교대로 왔다 갔다 하는 이 방식이 통찰을 용이하게 하는 조건을 만든다. 지원을 이용하여 현존의 근력을 키울 수 있기 때문이다. 이와 같이 우리는 알아차림 수행을 계속할 수 있다.

알아차림 안에서의 수준 높은 안식

정좌 알아차림 명상의 안식화 단계는 알아차림 안에

서 쉬는 단계이다. 우리 경험의 모든 것 한가운데서 그 경험들을 바라보면서 안식하는 단계이다. 안식이 무르익으면 수준 높은 명상가는 알아차림이라는 우리의 원초적 행위를 더 심화시켜 열린 알아차림 수행이 전개되는 방향으로 수행을 진전시켜 나간다.

안식화 단계의 시작은 맨 먼저 나의 몸 전체에 대한 알아차림으로부터 시작하였다. 접지화에서는 몸의 어떤 부분에 대한 느낌을 알아차렸지만 안식화에 들어서서는 몸을 하나의 단위로 인식하는 알아차림의 문을 열었다. 몸 전체를 알아차림의 눈으로 바라보았다. 고요하게 호흡을 계속하며 알아차림을 하였다. 나의 몸은 인간으로서의 나에게 주어진 것이고 몸이 마음과 함께 공존함으로서 나라는 존재가 삶을 영위하고 있음을 새삼 깨닫고 몸과 마음이 하나임을 알게 되었다. 이로 인해 나의 몸에 대한 이해는 더욱 깊어지고 통찰을 통하여 나는 지혜의 바다에 잠기기 시작하였다. 나는 지혜의 바다에 잠겨 헤아릴 수 없는 많은 깨달음을 얻는다.

다음에는 몸을 둘러싸고 있는 사물들과 그리고 사물들 사이에 있는 공간에 대해서도 알아차림을 하였다. 외부의 환경에 대한 알아차림이다. 예를 들어 책상과 벽을 알아차리고 그리고 벽과 벽 사이에 있는 빈 공간에 대해서도 알아차림을 하였다. 그리고 주변의 시각적 인상, 냄새, 소리에 대해서도 알아차림을 하였다. 그리고 시각적 인상, 냄새, 소리 사이에 존재하는 빈 공간에 대한 알아차림을 하였다. 예를 들어 소리와 소리 사이에 있는 빈 공간에 대해서도 알아차림을 하였다. 이들 알아차림으로 모든 존재의 의미를 깨닫고 그 존재들이 나의 삶에 미치는 영향을 이해하고 내가 그것들과 더불어 공존하는 지혜를 터득할 수 있었다.

이제는 나의 주의를 내면으로 돌려 본격적인 내면소통을 시작한다. 나의 내면에서 일어나는 생각과 지각에 대한 알아차림이다. 생각과 지각들을 고요함 속에서 알아차린다. 명상 수행의 초기에는 머릿속의 생각을 거품과 같이 여기면서 흘려보냈지만 지금에 이르러서는 생각과 지각을 대상으로 하여 알아차림의 문을 열 수 있는 경지에 올랐다.

나의 내면을 더욱 깊이 바라보면서 생각과 지각을 알아차림 한다. 나의 내면에는 각종의 기억과 상상 그리고 아이디어가 들어 있고 그리고 기쁨과 즐거움이 있고 또 각종 번뇌도 있다. 그리고 나의 내면에는 인생을 살아오면서 축적한 수많은 경험이 켜켜이 쌓여 있다. 이들을 알아차림의 눈으로 바라보면서 내가 누구이고 무엇인지를 깨달아 간다. 나의 지혜는 말할 수 없이 풍성하게 증장된다.

다음에는 좀 색다른 알아차림을 한다. 한 생각과 다른 한 생각 사이에 있는 빈 공간을 알아차린다. 즉 앞생각과 뒷생각 사이에 존재하고 있는 빈 공간에 대한 알아차림 시도이다. 그리고 어떤 감각과 다른 어떤 감각 사이에 있는 빈 공간을 알아차릴 수 있다. 그러나 만약 당신이 어떤 분별(分別)[9]을 하고 있음을 인식하였을 때는 방금 당신의 분별 앞에 있었던 빈 공간으로 되돌아와야 한다. 하지만 만약 분별이 너무 지나치면 호흡이나 소리의 지원을 받아 다시 정상적인 명상 상태로 복귀한다.

이렇게 알아차림 수행을 계속해 나가면 당신의 알아차림이 더욱 진전되고 강화되어 당신은 외부 혹은 내부에 대한 어떤 구별이 없는 상태의 경지에 도달하게 된다. 다만 알아차리기만 할 뿐 다른 어떤 생각이나 느낌이나 감각이 없는 경지에 이르게 된다. 이 경지의 알아차림을 '선택 없는 알아차림(choiceless awareness)'이라 하고 이러한 알아차림의 통찰을 '열린 알아차림 명상(open awareness meditation)'이라 한다. 열린 알아차림의 명상을 즐길 수 있는 당신은 삼매의 순간에 한걸음 더 가까워진 명상가이다.

열린 알아차림 수행으로 당신은 통찰의 문을 열고 지혜의 바다에 잠기기 시작한다. 당신의 내면에 있는 불건전한 요소들이 점진적으로 그리고 불가역적으로 제거되기 시작한다. 열린 알아차림 수행으로 당신의 업 속에 숨겨져 있던 오염의 때가 드러나고, 벗겨지고, 치유되기 시작한다. 치유가 진전되면 당신은 이웃과 더불어 살아갈 수 있는 세상을 꿈꾸기 시작한다. 당신은 자기 자신만의 이익을 위해 살아왔던 과거의 당신에서 이웃의 삶에도 관심을 기울이는 사람으로 변모해 간다. 당신의 자기중심적 선호시스템(Egocentric Preference System, EPS)이 점차 약화되고 새로운 형태의 이타적 시스템이 당신의 마음에 자리를 잡기 시작한다. 그리하여 당신은 이기심과 이타심이 균형을 이루는 새로운 모습의 사람으로 변모해 간다.

오랜 수행 여정의 끝에 이르러 드디어 당신은 온 우주와 더불어 같이 살아가고 있다는 느낌을 갖기 시작할 것이다. 이 느낌의 지속 상태 속에서 당신은 온 세상에 참 진리를 구현하는 새로운 모습의 사람으로 변모해 간다. 이렇게 변화해 가는 당신은 자신의 내면의 고통에 점점 덜 반응하게 되고 그 고통을 연민의 마음으로 바라볼 수 있는 위대한 사람으로 변해 간다. 당신은 지금 알아차림이라는 봄(seeing)으로 당신이 짊어지고 있는 업의 오염된 때를 벗겨내고 치유하고 있다. 언젠가 이 치유가 끝나면 당신은 무지에서 완전히 벗어나 큰 깨달음을 얻게 될 것이다.

당신은 지금 일찍이 붓다가 디가 니까야와 맛지마 니까야에서 가르친 사념처 명상과 호흡 알아차림 명상 그리고 위대한 명상가 지두 크리슈나무르티(Jiddu Krishnamurti)[10]가 설파한 "봄이 행이다(The Seeing is The Doing)"라는 말씀을 수행하고 있다. 이러한 가르침을 이어받아 수행하고 있는 수행자인 당신도 역시 위대한 수행자의 씨앗을 키우고 있다.

지금 당신은 열린 알아차림의 빛으로 당신의 모든 경험들을 알아차리면서 안식하고 있다. 열린 알아차림으로 수행하고 있는 당신은 언젠가 순수 알아차림만이 존재하는 순수 알아차림의 순간에 도달할 것이다. 당신은 큰 지혜를 얻을 수 있는 위대한 삶의 길에 들어섰다.

4장

열린 알아차림 명상

열린 알아차림이란 무엇인가?

명상을 처음 시작할 때 우리는 호흡을 바라보며 이를 관찰하였다. 마음을 고요히 하면서 들숨과 날숨을 보며 관찰하였다. 나라는 관찰자가 몸과 마음을 고요히 하면서 호흡이라는 대상에 집중하여 관찰하였다. 호흡을 관찰하는 나의 알아차림이 행위의 주체이고 호흡은 관찰의 대상인 객체였다. 그리고 알아차림이라는 나의 의식의 빛이 몸, 느낌, 마음, 법을 비추는 사념처 알아차림을 수행하였다. 알아차림이라는 주체가 몸, 느낌, 마음, 법이라는 객체를 빛으로 비추는 명상이었다.

이른바 주체와 객체의 관계를 상정하는 이원론적

(dualistic) 정좌 알아차림 명상이었다. 이 관계의 과정에서 주체인 자신의 알아차림을 몸, 느낌, 마음, 법이라는 고정된 대상에 묶어두고 그 대상을 통찰함으로써 대상의 진정한 본성을 꿰뚫어 볼 수 있었다. 몸, 느낌, 마음, 법의 본성을 꿰뚫어 볼 수 있었다. 대상의 진정한 본성을 꿰뚫어 봄으로써 대상에 대한 우리의 지혜를 증장시켜 왔다. 이 길이 전통적으로 전해져온 사마타(samatha, 집중)와 위빠사나(vipassana, 통찰)를 통한 명상의 길이다.

정좌 알아차림 명상의 안식화 단계에서 몸 전체에 대한 알아차림이 있었고 그리고 외부의 대상에 대한 알아차림이 있었다. 외부의 대상에 대한 알아차림에서 내면의 생각과 지각에 대한 알아차림으로 이동하였다. 몸과 마음을 고요하게 하면서 맨주의를 내면으로 돌려 생각이나 지각을 지켜보았다. 이로 인해 생각이나 지각이 벌이는 놀이를 객관적으로 명확히 볼 수 있었다. 생각이나 지각을 지켜보면서 그들 생각이나 지각이 벌이는 유희를 통찰할 수 있었다. 자신의 내면의 활동을 바라보면서 강박적 생각이나 감각에 휩쓸리지 않고 초연한 자세로 그들의 활동을 바라볼 수 있었다.

수행의 진전과 더불어 어떤 하나의 대상에만 집중하

여 알아차리기를 하는 데 그치지 않고 대상을 옮겨가면서 알아차리기를 시도하였다. 열린 알아차림을 시도한 것이다. 몸에서 외부의 대상으로 그리고 외부의 대상에서 내면의 생각과 지각으로 맨주의를 이동해 가면서 알아차리기를 하는 열린 알아차림(open awareness)을 수행하였다. 내면의 작용에 대한 명상에서도 생각에서 생각으로, 생각에서 지각으로 그리고 지각에서 생각으로 주의를 이동해 가면서 알아차리기를 시도하였다.

이와 같이 나의 맨주의를 어떤 하나의 대상에서 다른 대상으로 옮겨가면서 알아차리기를 하는 열린 알아차림 수행을 시도하였다. 어떤 고정된 하나의 대상에 묶여서 그 대상을 알아차리기를 하는 것을 넘어서서 어떤 대상에 얽매이지 않고 알아차림을 하는 열린 알아차림 수행을 하였다. 마음이 어떤 대상에 머물지 않고 다른 대상으로 넘나드는 열린 알아차림 수행을 한 것이다.

여기에서 한걸음 더 나아간 열린 알아차림 수행을 시도한다. 먼저 몸 전체에 대한 알아차림과 외부의 대상에 대한 알아차림 사이에 있는 빈 공간을 알아차리는 알아차림 수행을 한다. 그리고 외부의 대상에 대한 알아차림과 내면의 생각이나 혹은 지각 사이에 있는 빈 공간을 알아차리는 알아차림 수행을 한다. 대상과 대상 사이에 있는 빈 공간을 알아차리는 알아차림 수행이다. 이른바 빈 공간 알아차리기 수행이다.

수행이 무르익으면 또 여기서 한걸음 더 나아간다. 내면의 한 생각과 또 다른 내면의 한 생각 사이에 존재하는 빈 공간을 알아차린다. 예를 들어 앞생각과 다른 뒷생각 사이에 있는 빈 공간을 알아차린다. 그리고 지각과 다른 지각 사이에 있는 빈 공간도 알아차릴 수 있도록 수행한다.

처음에는 이들 생각과 생각 사이에 있는 빈 공간을 알아차리기는 쉽지 않다. 얼핏 알아차릴 수 있을 뿐이다. 그러나 수행을 거듭하면 그 빈 공간을 알아차릴 수 있고 그 공간에서 머물 수 있고 그리고 그 공간을 넓혀갈 수 있다. 수행에 수행을 거듭하여 그 빈 공간을 더 크게 확대할 수 있다. 수행이 무르익으면 무한하게 큰 빈 공간을 느낄 수 있는 상태에 도달할 수 있다.

그 공간은 허공과 같이 텅 빈 큰 공간이다. 마치 하늘과 같이 큰 빈 공간이다. 빈 공간에 대한 알아차림은 객체가 완전히 사라진 열린 알아차림 명상 상태이다. 주체인 알아차림만 존재하고 객체인 대상이 사라진 명상 상태이다. 이 상태는 이원론적 명상 상태가 아니다. 알아차림만 남아 있는 비이원론적(nondualistic) 명상[1] 즉 일원론적 명상 상태이다.

이렇게 열린 알아차림의 수행을 진전시켜 나가면 대상이 사라지고 알아차림만이 남아 존재하는 순수 알아차림(pure awareness)의 상태에 도달한다. 당신은 지금 완전한 해방의 열린 순수 알아차림 상태에 도달할 수 있다. 수행하고 또 수행하여 당신이 도달할 수 있는 경지이다. 당신은 '오직 노력할 뿐!'을 경구로 삼아 이 길에 매진하여 이 경지에 도달할 수 있다. 그리고 이 경지에 이르러서도 당신은 유연한 집중의 끈을 놓지 않아야 한다. 바야흐로 당신은 이제 삼매의 문을 열고 있고 있기 때문이다.

춘강(春崗)의 열린 알아차림 수행

아래와 같이 열린 알아차림 수행을 정좌 알아차림 명상 수행 안에서 단계적으로 수행해 나갈 수 있고 결국에는 순수 알아차림의 경지에서 삼매에 들어간다.

수행 단계 1 : 대상을 바꾸어서 하는 알아차림

명상을 배우는 수행자는 처음에는 가급적 사마타 수행에 진력하면서 정좌 알아차림 명상을 시작한다. 맨주의를 하나의 대상에 고정시켜 그곳에 마음을 고요하게 머물게 하면서 단계적으로 명상을 진전시킨다. 산만한 마음을 안정시키는 수행이 선결 조건이다. 마음이 고요해지면 다음에는 알아차림이라는 빛을 사용하여 지혜를 찾고 그 지혜들을 쌓아가는 수행을 한다.

머릿속에 생각이 일어나면 그 생각을 무시하면서 내버려두고 호흡 또는 소리의 도움으로 마음을 대상에 고정시키면서 수행을 계속한다. 우리의 마음을 지원이라는 말뚝에 묶어두고 길들인다. 마음이 안정되어 고요해지면 안식화 단계에서 열린 알아차림 수행으로 진입할 수 있다. 몸에 대한 알아차림에서 외부의 사물에 대한 알아차림으로 그리고 외부의 대상에서 내면의 생각이나 지각에 대한 알아차림으로 대상을 옮겨가는 열린 알아차림을 다음과 같이 시도한다.

처음에는 몸 전체에 대한 알아차림을 한다. 나의 몸이 존재함으로서 나의 마음이 존재함을 알며 몸과 마음이 하나임을 안다. 그리고 몸과 마음의 작용을 바라보고 이를 통찰하여 나의 몸과 마음의 작용에 대한 지혜를 얻고 이들 지혜를 쌓아간다.

다음에는 몸 전체에 대한 알아차림에서 외부의 대상에 대한 알아차림으로 알아차림을 이동한다. 몸 주위에 있는 사물들 즉 책상, 창문, 벽, 나무와 숲 등을 알아차리고 그리고 이들 사이에 있는 빈 공간도 알아차린다. 그리고 이들 사물과 환경 그리고 빈 공간의 존재를 통찰하여 사물과 환경 그리고 빈 공간에 대한 지혜를 얻는다.

다음에는 내가 만나는 사람들과 세상을 맨주의로 알아차림 한다. 그 사람들 모두와 세상을 통찰하여 그들의 행동원리와 세상의 작동원리를 깨달아 그들과 더불어 이 세상을 살아갈 수 있는 지혜를 터득하고 쌓아간다.

수행 단계 2 : 생각과 지각을 알아차림

이제는 내면의 생각이나 지각을 알아차리고 생각이나 지각의 모습과 그들이 벌이는 유희를 직시하여 알아차린다. 이들 생각이나 지각이 어디에서 왔고 지금 무슨 짓을 벌이고 있는지를 알아차리고 그리고 그것들이 곧 사라질 것임을 통찰하여 생각과 지각에 대한 지혜를 얻고 이를 쌓아간다.

먼저 당신의 맨주의를 내면으로 돌려 마음에서 일어나는 생각들 하나하나를 알아차린다. 왜 지금 그 생각이 나타났는지, 왜 지금 그 생각에 머물고 있는지 그리고 그 생각이 무슨 유희를 벌이고 있는지를 모두 알아차린다. 이와 같이 생각들이 벌이는 유희를 알아차리고 그리고 그 생각들이 사라지는 것을 알아차린다. 이와 같이 생각의 발생과 유지 그리고 소멸을 통하여 생각이 무엇인지를 통찰한다. 생각에 대한 통찰으로 생각에 대한 지혜를 얻고 쌓아간다.

다음에는 지각으로 주의를 돌려 마음에서 일어나는 지각들 하나하나를 알아차린다. 왜 지금 그 지각이 나타났는지, 왜 지금 거기에 머무는지 그리고 그 지각이 무슨 일을 벌이고 있는지를 알아차린다. 이와 같이 지각들이 벌이는 유희를 알아차려 지각이 무엇인지를 통찰한다. 지각을 통찰하여 지각에 대한 지혜를 얻고 쌓아간다.

수행 단계 3 : 생각과 생각 사이의 빈 공간에서 머물기

이제 한 생각이 일어나고 그다음 한 생각이 일어나는, 생각과 다른 한 생각 사이에 있는 미세한 공간을 알아차린다. 즉 생각과 생각 사이에 있는 미세한 빈 공간을 알아차려야 한다. 물론 처음에는 그 공간을 알아차리기가 쉽지 않다. 그러나 끈기 있는 수행으로 그것을 볼 수 있어야 한다. 그 빈 공간을 볼 수 있다면 그 공간에서 머물 수 있어야 한다. 생각과 생각 사이의 빈 공간에서 오랫동안 고요하게 머물 수 있어야 한다.

당신의 내면으로 들어가 생각과 생각 사이에 있는 빈 공간에 당신의 알아차림을 비춘다. 그리고 그 빈 공간에서 머문다. 허공에 홀로 남아 있는 오직 알아차림의 빛 공간에서 고요히 머문다.

그리고 당신의 지각과 지각 사이에 있는 빈 공간에 당신의 알아차림의 빛을 비춘다. 그리고 그 빈 공간 안에서 고요히 머문다. 허공에 홀로 남아 있는 오직 알아차림의 빛 공간에서 고요히 머문다.

당신의 생각과 생각 사이의 빈 공간에서 당신의 알아차림이 여전히 빛나고 있음을 확인한다. 그리고 당신의 지각과 지각 사이에서 빛나고 있는 알아차림을 확인할 수 있다. 예를 들어 당신이 잠시 눈을 감고 있다가 눈을 떠본다. 두 시각적 지각 사이에도 당신의 알아차림이 여전히 존재하고 있음을 확인할 수 있다. 이와 같이 특정한 어떤 생각이나 지각에 초점을 두지 않는 빈 공간의 상태에서도 당신의 알아차림이 여전히 존재하고 있음을 확인한다. 이 상태가 순수 알아차림(pure awareness)의 자연스러운 상태이다. 당신은 이 순간에서 고요히 머물 수 있어야 한다. 인식의 대상이 없는 상태에서도 당신의 알아차림이 여전히 존재하고 있음을 확인할 수 있다. 이 상태에 이르러서도 유연한 집중의 끈을 놓지 않아야 한다. 집중의 끈을 놓지 않아야 통찰 여정의 마지막 순간에 삼매의 문을 열 수 있다.

지금 당신의 명상은 안식화의 상태에 이르렀지만 완전한 안식 상태에 도달한 것은 아니다. 마음에 온갖 생각들과 지각들이 나타날 수 있다. 대부분의 생각들과 지각들은 불안, 우울, 질투, 두려움 등의 온갖 걱정거리들의 범벅이고 그것들 사이에 있는 빈 공간은 공(空, empty)[2]이다. 공은 평화이다. 당신은 이 빈 공간에서 당신의 알아차림을 확인할 수 있는가?

수행 단계 4 : 빈 공간을 무한대로 확대하기

이제는 알아차림의 빛이 빛나고 있는 빈 공간을 확대하여 빈 공간을 무한대로 키운다. 나의 마음이 우주와 같이 무한하게 크게 확장되면 내 마음속에 떠돌던 괴로움의 덩어리들은 먼지와 같이 미세하게 작아지며, 이윽고 사라진다. 무한히 큰 공간 안에서 떠도는 나의 괴로움 즉 불안, 우울, 두려움, 화, 욕망, 질투, 시기, 미움, 자만 등의 번뇌의 먼지들은 흔적 없이 사라진다. 나의 마음에는 알아차림의 빛만이 홀로 고요히 존재하고 있다. 이 알아차림의 빛이 순수 알아차림(pure awareness)의 빛이다. 삶의 온갖 잡동사니들인 번뇌는 어느덧 사라지고 알아차림의 빛만 홀로 남아 있다. 지금 당신의 마음은 청정하다.

수행 단계 5 : 삼매 안에서의 안식

당신의 알아차림은 지금 광활한 허공의 빈 공간을 가득 채우고 있다. 지금 빈 공간에는 명료한 알아차림만이 빛나고 있는 순간이다. 알아차림이 빛나고 있는 이 순간에도 당신은 집중의 끈을 놓지 않아야 한다. 이와 같이 집중하고 있는 순간, 문득 알아차림의 빛 속에서 당신의 몸과 마음의 자아감은 사라진다. 시각과 청각도 사라진다. 오감이 사라진다. 당신이라는 존재를 인식할 수 없다. 아울러 공간과 시간도 사라진다. 모든 경계가 사라지고 다만 기쁨과 환희가 있는 아늑한 평화로움 속에 알아차림만이 존재할 뿐이다. 알아차림의 빛과 더불어 존재하는 이와 같은 지복의 느낌 이외에 다른 것은 없다.

지금 당신은 삼매에 들어섰다. 이러한 삼매의 상태를 심일경성(心一境性, single-pointed awareness)[3]이라 한다. 이 경지에 들어갈 수 있고 또 그 상태에서 나올 수 있는 능력의 소유자인 당신은 이미 첫 번째 깨달음의 문을 연 수행자이다.

열린 알아차림 수행의 유의점

먼저 위의 열린 알아차림 수행은 정좌 알아차림 명상 수행 안에서 단계적으로 수행할 수 있음을 명심하자. 열린 알아차림 수행의 핵심은 마음속에서 오고 가는 것이 무엇이든 그것을 바라보면서 그것들을 있는 그대로 허용하면

서 주시하면서 통찰하는 것이다. 진실을 진실로 거짓을 거
짓으로 분명하고 선명하게 알아차리는 것이다. 내면에서
발생하는 모든 작용을 선호 없이 그리고 판단 없이 알아
차리는 단순하지만 분명한 맨주의 알아차림이다. 종국에
는 생각과 생각 사이의 빈 공간과 지각과 지각 사이의 빈
공간인 공(空)에 대한 알아차림의 명상에서는 알아차림의
대상이 사라지고 맨주의 알아차림만이 홀로 존재하는 불
이(不二)의 상태가 되고 삼매경(三昧境)에 들 수 있었다. 이
길은 깨달음의 문을 열기 위한 수행의 길이다. 이 수행을
용이하게 하기 위해서 반드시 갖추어야 할 전제 조건은
무엇인가?

먼저 비참여(uninvolvement)가 요구된다. 내면에서 무엇
이 일어나든 그것에 참여하지 않는 것이 비참여이다. 개입
하지 않는 것이다. 마음의 작용에 개입하지 않음으로써 그
작용에서 떨어져서 그 현상을 초연하게 객관적으로 관찰
할 수 있다. 그러나 비참여는 대단히 어려운 일이다. 왜냐
하면 우리는 일상에서 보통 우리의 경험에 항상 자동적으
로 개입하는 습관적인 삶을 살고 있기 때문이다. 예를 들
어 몸의 어떤 부위에 가려운 감각이 일어나면 우리는 의
식적인 선택 없이 그곳을 바로 긁는다. 이것은 무의식적인

참여이다. 개입이다. 발생한 사건과 직접적으로 관계를 맺는 것이며 그것에 반응하는 것이다.

비참여는 발생하는 사건과 관계를 맺지 않고, 그 관계를 정교화하지 않고, 그리고 그것에 반응하지 않는 것이다. 마음에서 발생한 작용에 대해 관심을 갖지 않으면 그곳에는 명료한 알아차림만 남는다. 단순하고, 분명하고, 직접적인 알아차림의 경험만 남는다. 그런데 평생 내 마음의 작용에 항상 무의식적으로 개입해온 삶을 습관적으로 살아온 내가 나의 마음의 작용에 참여하지 않을 수 있을까? 거의 불가능한 일이라고 생각할 수도 있다. 처음에는 매우 어려운 작업이겠지만 끈기 있는 점진적인 노력으로 가능한 길이다. 위대한 명상가들 모두가 걸어온 길이다.

마음의 작용을 바라보면서 그것을 내 마음이라고 인식하지 않고 객관적 자세로 바라보는 훈련을 통하여 언젠가는 그것이 가능할 수 있다. 그것을 나의 마음의 작용이라 여기지 않고 단지 어떤 인간의 마음의 작용이라고 여기면서 바라보는 훈련을 통하여 가능하다. 점진적인 훈련을 통하여 결국에는 어떤 노력을 하지 않고도 마음의 작용을 객관적으로 바라볼 수 있는 경지에 도달해야 한다. 아니면 적어도 정좌 알아차림 명상 수행 중에서라도 그렇게 할 수 있어야 한다. 내 마음속에 떠오르는 나의 생각, 감각, 지각에 개입하지 않으면서 그것들을 객관적으로 분명히 바라볼 수 있는 능력을 길러야 한다. 이를 위해서는 다만 수행이라는 노력이 요구될 뿐이다. 물론 큰 깨달음을 얻은 이후에는 항상 가능하겠지만 그 깨달음도 통찰을 통하여 지혜를 쌓아가는 수행 없이는 얻을 수 없는 것이다.

다음은 마음속에 있는 잡동사니 즉 번뇌들을 놓아버릴(letting go) 수 있어야 한다. 번뇌들에 얽매이지 않고 그것들을 마음속에서 흘려보낼 수 있어야 한다. 이것은 집착하지 않는 태도이며 탐착하지 않는 삶이다. 이미 마음의 작용에 대한 초연한 관찰을 통하여 그렇게 할 수 있는 계기를 마련하였지만 나의 미세한 탐욕이 그것들을 붙잡고 있기 때문에 그렇게 해야 한다.

마음의 미세한 작용을 끊어내기는 쉽지 않다. 수행으로 미세한 욕망을 이길 수 있는 힘을 길러야 한다. 붓다는 미세한 욕망이 느낌으로 나타날 때가 중요한 시점이라고 보았다. 왜냐하면 곧 걷잡을 수 없이 갈애(craving)로 번져 욕망이 들불과 같이 번져 나갈 것이기 때문이다. 12연기의 여덟 번째 갈애의 상태는 집착이며 탐착이다. 때문에 이 상태에 이르기 전에 수행으로 일곱 번째의 미세한 욕망의 느낌을 흘려보낼 수 있어야 한다. 놓아버릴 수 있어야 한다. 이러한 힘은 수행의 결과로 얻은 깨달음의 힘으로 가능하다.

3부

알아차림
확립을 위한 삶

○

먼저 5장에서는 알아차림을 강화하는 방법을 기능적 측면과 통찰의 측면에서 모색하고 6장에서는 붓다가 제시한 알아차림 확립을 위한 삶의 방식인 연기법, 사성제 그리고 팔정도를 다룬다.
7장에서는 오늘을 사는 현대인들이 알아차림 확립을 위해 어떤 삶을 살아야 할지를 궁구한다.

5장
알아차림 강화를 위한 방법

기능적 측면에서 알아차림을 강화하는 방법

틱낫한(Thich Nhat Hanh)[1] 스님은 알아차림을 여섯 개의 감각 기관이 여섯 개의 감각 대상을 각각 관찰하는 것이라고 하였다. 이는 다섯 개의 외부영역(시각, 청각, 후각, 미각, 촉각)의 알아차림, 즉 안식(眼識), 이식(耳識), 비식(鼻識), 미식(味識), 촉식(觸識)의 알아차림과 내면의 알아차림, 즉 의식(意識)의 알아차림이 '지금 여기'의 대상과 접촉하고 있음을 안다는 의미이다. 즉 지금 여기의 세계와 접촉하고 있음을 알아차린다는 뜻이다. 이는 우리의 외부 환경에서 일어나는 것과 그리고 우리 내면의 마음에서 일어나는 것 모두를 알아차리는 것을 뜻한다.

이와 같이 인간이 가진 육식(六識)의 심오한 알아차림의 기능을 더 강화하기 위해서 우리는 어떤 방법을 강구해야 할까? 알아차림을 강화하는 방법을 알아차림의 기능적 측면과 통찰의 측면으로 나누어 고찰해 볼 수 있다.

알아차림의 기능적 측면의 강화 방법을 명상적 관점에서 보면 먼저 몸과 마음을 고요하게 하는 일이 선결 작업이다. 몸과 마음의 알아차림의 기능이 제대로 작동할 수 있도록 하기 위해서는 몸과 마음이 소란스럽고 산만한 상태에 있지 않아야 한다. 알아차림의 기능이 최대한 보장되기 위해서는 알아차림을 방해하는 주요 요인인 산만한 상태를 고요한 상태로 바꾸는 일이 필요하다.

예를 들어 소용돌이치는 물속에서는 물의 밑바닥을 명확하게 볼 수 없기 때문에 물의 소용돌이를 멈추게 해야 하는 것과 같은 이치이다. 소용돌이가 멈춘 고요한 물의 상태에서 물 아래에 있는 밑바닥에 무엇이 있는지를 명확히 볼 수 있다. 명상에서 고요함에 집중하는 것이 이러한 이유 때문이다. 정좌 알아차림 명상에서 안정화, 접지화의 단계를 거쳐 안식화에 이르는 길은 몸과 마음을 안정시켜 고요하게 하는 길이 그 핵심이다. 따라서 먼저 몸과 마음의 작용을 고요하게 하는 일이 알아차림의 기능이 제대로 작동하게 하는 선결 작업이다.

다음에는 몸의 각각의 감각기관이 벌이는 알아차림의 기능이 제대로 작동할 수 있도록 하여야 한다. 몸의 시각, 청각, 후각, 미각, 촉각의 성능을 더 높이는 작업이다. 예를 들어 눈의 안식 기능이 제대로 작동할 수 있도록 눈을 잘 관리하는 것이 안식의 알아차림 기능을 높이는 길이다. 귀의 이식 기능이 잘 작동할 수 있도록 청각기관을 제대로 관리하는 것이 이식의 알아차림 기능을 높이는 방법이다. 코의 비식 기능을 높이기 위해서는 코를 잘 관리해야 한다. 설식을 높이기 위해서는 혀를 잘 관리해야 하고 촉식을 높이기 위해서는 피부 등의 민감도를 높여야 한다. 이와 같은 방식으로 다섯 개의 감각 기관의 민감도를 높여 그 기관의 감각 운동이 예민해지고 정교해짐으로써 알아차림의 기능을 더욱 높일 수 있다.

다음은 내면의 의식 작용이 그 기능을 제대로 작동하게 함으로써 알아차림의 기능을 제고하는 작업이 필요하다. 내면의 의식 작용은 의식의 드러남과 동시에 거울이 사물을 비추는 작용을 하는 것과 같이 마음에 사물을 여실하게 비추고 있다. 그리고 내면의 의식 작용은 외부의 5개 감각기관을 지휘하고 있는 오케스트라의 지휘자 역할을 수행하고 있기 때문에 더욱 중요하다. 외부의 5개 감각기관을 지휘하고 있는 내면의 의식이 발하는 알아차림의 빛을 강화하기 위해서 어떻게 해야 할까?

오늘날의 심리학에서는 인간의 마음 심층에 무의식이 있고, 그 위에 잠재의식이 있고, 그것들이 표층에서 의식으로 발현된다고 보고 있다. 여러 의식의 중첩적 구조 속에서 이들의 상호작용으로 나타나고 있는 의식을 전제하고 있다. 과학적으로 보면 우리 인간의 내면 의식이란 인간이라는 생물체의 수많은 신경세포들의 구조와 그들의 운동이 중첩적으로 얽혀 기능하고 작용한 결과의 산물이다. 이들 신경세포의 구조와 작동원리는 너무나 복잡 미묘하여 오늘날에 이르러서도 이들의 전모를 완전히 밝히지 못하고 있는 것이 현실이다.

그러나 현실 세계에서 보면 어떤 사람은 다른 사람보다 사물을 더 여실히 파악할 수 있는 능력을 보유하고 있는 것을 확인할 수 있다. 이는 그 사람의 신경세포의 구조와 기능이 다른 사람보다 우수하게 작동할 뿐만 아니라 그들의 작용이 다른 사람보다 더 정교하여 민감도가 더 높기 때문일 것이라고 추측해 볼 수 있다. 태어날 때부터 만약 어떤 사람의 신경세포 구조물이 다른 사람의 그것보다 더 복잡하고 예민한 구조로 켜켜이 얽혀 있어 사물을 파악하는 지적능력(intellect)이 다른 사람보다 더 뛰어날 수도 있을 것이라고 추측해 볼 수 있다.

또 다른 하나의 측면은 훈련을 통하여 신경세포의 구조와 기능의 능력을 바꾸어 나가는 일이다. 이는 학습이라는 훈련을 통하여 신경세포의 구조와 기능을 변화시켜 의식과 잠재의식 그리고 무의식의 기능을 제고하고 의식의 알아차림 기능을 더 높이는 작업이다. 오늘날 뇌 과학의 발전이 이와 같은 사실을 뒷받침하고 있다. 과학의 놀라운 발전으로 신비의 영역으로 남아 있던 신경세포들의 기능이 점차 밝혀지고 있음에도 불구하고 신경세포들의 운동 기능과 기제를 아직까지는 완전히 밝히지 못하고 있는 것 또한 현실이다. 그러나 지금까지 성취한 과학적 발견을 토대로 의식 작용의 기제를 어렴풋이나마 짐작할 수는 있고 이를 통하여 의식적 알아차림의 기능을 제고하는 방법을 탐색해 볼 수는 있을 것이다.

대니얼 데닛(Daniel C. Dennett)은 저서 『의식이라는 꿈: 뇌에서 의식은 어떻게 만들어지는가(SWEET DREAMS: Philosophical Obstacles to a Science of Consciousness)』에서 자신이 종래에 주장하여 왔던 다중 원고 모델(multiple draft model)을

수정하고 확장하여 환상의 메아리 이론(fantasy echo theory) 을 주장하였다.[2] 이 이론의 핵심 원리는 다음과 같다.

우리의 뇌 안에서는 매 순간 정보, 표상, 신호들이 서로 선거 또는 오디션과 같은 경쟁과 선발 과정에 참가하고 있다. 말하자면 의식적 뇌에서는 최정상의 자리를 두고 온갖 정보, 표상, 신호들이 서로 정치적인 경쟁을 벌이는 아수라장의 상태에 있다는 것이다.

이와 같은 경쟁 상태에서 매 순간 치열한 경쟁을 뚫고 최정상의 자리에 선 정보나 표상은, 마치 선출된 권력이 전 사회를 지배하듯이 뇌 구석구석에 울림과 반향을, 즉 메아리를 일으킴으로써 승자독식의 상황을 연출한다. 이 최정상의 정보나 표상은 뇌 구석구석에 울려 퍼진다는 의미에서 '광역적으로 접근 가능'하다고 한다. 그렇게 뇌 전체에 메아리치는 정보나 표상이 바로 그 시점에서의 의식의 내용이라는 것이다.[3]

우리의 신경세포에 내장되어 있는 수많은 정보나 표상이 경쟁을 벌여 어떤 하나 혹은 군집의 정보나 표상이 경쟁에 이겨 뇌의 영역에 울려 퍼지고 메아리 칠 때 그 시점의 정보나 표상이 당시의 의식이라고 주장하는 이론이다. 이와 같은 환상의 메아리 이론이 의식의 발현을 제대로 설명하고 있는 진리인가의 여부에 관계없이 이 이론을 접하는 우리로서는 이 이론이 다음의 몇 가지 사항을 전제하고 있음을 말할 수 있다.

먼저 신경세포에 내장되어 있지 않는 정보나 표상은 경쟁에 참여할 수 없을 것이기 때문에 경쟁에 참여하기 위해서는 미리 그 정보나 표상이 신경세포에 내장되어 있음을 전제로 하고 있다고 말할 수 있다. 이는 특정 인간이 경험해보지 않은 정보나 표상은 그 인간의 의식의 내용에서 처음부터 배제된다는 의미를 함축하고 있다.

다음에 내장되어 있는 정보나 표상들이 경쟁을 통하여 최정상의 위치를 차지한 그것이 우리의 현재의 의식이라는 주장은 우리의 의식이란 소위 신(God) 혹은 조물주가 어떤 정보나 표상들 중에서 선택한 결과물이 아니고 단지 정보와 표상들의 경쟁의 결과물이라는 점이다.

여기에서 우리는 우리의 뇌에 많이 입력된 정보나 표상들이 적게 입력된 정보나 표상들보다 확률적으로 최정상의 위치를 차지할 가능성이 높을 것이라고 짐작해 볼 수 있다. 즉 의식으로 드러나는 것은 이미 많이 학습된 정보나 표상일 것이라고 추측해 볼 수 있을 것이다.

따라서 이미 기억되어 있는 정보나 표상들이 의식의

내용으로 드러날 가능성이 높고 또한 많이 입력된 정보나 표상들이 의식에 나타날 가능성이 높다고 한다면 우리는 우리 인간의 양육 방식과 교육 그리고 우리의 문화가 우리의 의식에 미치는 영향을 진지하게 연구하고 검증해 볼 수 있을 것이다.

통찰의 측면에서 알아차림을 강화하는 방법

다음에는 알아차림을 강화하여 지혜의 문을 여는 통찰의 측면을 붓다가 제시한 관점에서 살펴보자. 이에 대해서는 2장 호흡 알아차림 경의 13, 14, 15 그리고 16번 항목에 해당하는 법에 대한 알아차림에서 이미 통찰지(洞察智)를 살펴보았다. 붓다는 무상에 대한 알아차림, 집착의 사라짐에 대한 알아차림, 번뇌의 소멸에 대한 알아차림 그리고 모든 것을 놓아버리는 알아차림의 통찰로 지혜의 문을 열 수 있다고 설파하였다. 그러나 이것들에 대한 완전한 통찰은 붓다의 근본 이론인 연기법, 사성제와 팔정도 그리고 중도와 공사상의 토대 위에서 가능할 것이다. 이들에 대한 완전한 이해 없이는 통찰의 길로 나아가기 어렵고 지혜의 문을 완전히 열 수 없을 것이다. 따라서 지혜의 문을 완전히 열기 위해서는 붓다가 제시한 세계관의 근본에 대한 통찰이 우선적으로 요구된다.

그리고 통찰의 측면에서 또 하나의 중요한 문제는 인간으로서의 '나의 의식의 문제'이다. 나의 알아차림의 빛은 인간인 '나'로부터 나오기 때문에 이 빛을 발하는 '나'라는 존재의 상태가 중요하다. 만약 '나'라는 존재가 이미 오염되어 있는 존재라면 나로부터 나오는 알아차림 또한 오염되어 있을 가능성이 높기 때문이다. 나의 의식으로 드러나는 마음의 거울이 왜곡되어 있다면 사물을 여실하게 비출 수 없을 것이다. 따라서 나의 알아차림이 항상 맨주의 알아차림이 되기 위해서는 알아차림이 있기 이전에 나자신이 오염되어 있지 않은 순수한 상태로 존재해야 한다.

로브 네른은 인간의 '나(I)'라는 감각 속에는 이기적인 시스템이 내장되어 있다고 주장하였고 이를 '자기중심적 선호시스템(egocentric preference system, EPS)[4]이라 명명하였다. 이 시스템은 언제나 자기중심적으로 생각하고, 느끼고, 행동하는 시스템이다. 이 시스템은 자신이 좋아하는 것을 애착하고 자신이 싫어하는 것을 배척하며, 자신이 갖고 싶은 것을 얻고자 하고, 자신이 소속된 집단에 충성하는 그런 자아이다. 우리는 모두 이런 자아감을 갖고 살아간다. 우리는 모두 이와 같은 마음으로 현재의 삶을 살아가고 있다. 보통의 인간인 우리는 모두 일상의 삶에서 이 시스템의 노예로 충실히 살아가고 있다. 즉 이기적으로 살아가고 있다.

자기중심적 선호시스템의 노예로서 살고 있는 내가 발하는 알아차림의 빛 역시 이기적으로 오염되어 있을 가능성이 높다. 오염되어 있는 본체로부터 나오는 빛이 오염되지 않을 가능성은 낮다. 오염원에서 나오는 물은 오염된 물일 가능성이 높다. 만약 이와 같다면 오염된 나로부터 나오는 나의 알아차림은 청정한 알아차림일 수 없다. 즉 맨주의 알아차림일 수 없다. 오염된 알아차림으로는 청정한 통찰이 불가능할 것이다.

통찰은 대상을 있는 그대로 진실하게 알아차리는 것에서 시작해야 한다. 그것이 맨주의 알아차림이다. 따라서 맨주의 알아차림으로 통찰을 용이하게 하기 위해서는 먼저 나의 자기중심적 선호시스템을 변화시켜야 한다. 즉 이기적인 나 자신을 바꾸어 나가야 한다. 이기심의 덩어리로 살고 있는 나 자신을 이타적인 나로 바꾸어 나가야 한다. 어느 정도 수준까지 나를 변화시켜야 할까? 나의 자기중심적 선호시스템의 이기심과 타인의 삶을 배려하는 이타심이 균형을 이루는 상태까지 나를 변화시켜야 한다. 그 균형점은 어디쯤일까? 균형점을 찾기는 쉽지 않다. 그러나 간단하게 언급한다면 다음과 같이 말할 수 있을 것이다. 우리들의 삶의 여러 관계 속에서 내가 타인에 비해 손해보고 있다는 느낌이 일어나기 시작하면 이기심과 이타심의 균형점 언저리에 가까워졌다고 할 수 있을 것이다.

　나를 변화시켜서 나의 이기심과 이타심이 균형을 이루게 하여 나의 알아차림의 빛이 맨주의 알아차림으로 작동할 수 있게 하고, 그리하여 나의 삶과 세상을 바르게 통찰할 수 있고, 삶을 바르게 살 수 있는 지혜의 문을 열 수 있기 위해서 지금 나는 어떻게 살아야 할까? 즉 이 세상을 살고 있는 지금의 나를 어떤 존재로 만들어 가야 할까? 이 주제는 6장 알아차림 확립을 위한 삶과 7장 알아차림 확립을 위한 현대인의 지혜로운 삶에서 다룬다.

알아차림 확립을 위한 삶

연기법

고타마 싯다르타(석가모니)가 보리수 아래에서 깨달은 진리는 연기법(緣起法)이다. 연기란 무엇을 뜻할까? 연기(緣起)란 '인연 따라 조건에 의지하여 함께 나타남'이라는 의미다. 이 의미는 '이것이 있는 곳에 저것이 있다(此有故彼有, 두 개 이상의 법이 같은 장소에 함께 있다)'와 '이것이 나타날 때에 저것이 나타난다(此起故彼起, 같은 장소에 두 법이 함께 나타난다)'로 설명된다.[1] 이러한 의미를 붓다가 깨달은 바대로 간단하게 표현하면 의식(意識)과 명색(名色)이 의존하여 함께 나타나고 있는 것을 의미하는 말이다. 여기서 의식은 우리가 사물을 인식하는 자아라고 생각하고 있는

'마음'이고, 명색은 인식의 대상으로 외부에 존재한다고 생각되는 사물이다. 마음과 대상이 서로 의지하여 함께 나타나고 있다는 말은 무슨 뜻일까?

우리의 인식하는 마음, 즉 의식은 몸속에 존재하고 있는 고정된 실체가 아니라 명색, 즉 사물에 의지하여 나타나고 있고 또 변화하고 있음이 너무나 명약관화하다. 왜냐하면 마음이란 마음에 드러나는 대상과 함께 나타나기 때문이다. 그리고 외부의 존재를 지칭한다고 생각되었던 명색 즉 대상은 우리의 인식하는 의식의 마음에 드러나고 있는 바로 그것이다. 따라서 내부에 존재하고 있다고 생각되었던 의식이 인식의 대상인 명색에 의지함이 분명하고 외부의 존재라고 믿었던 명색이 내부의 의식에 의존하고 있음이 분명하다면 내부와 외부를 분리하고 있는 우리의 생각은 잘못된 것이다. 이와 같이 보는 자(意識)와 보이는 자(名色), 즉 주관과 객관은 개별적으로 존재하는 것이 아니라 상호의존적으로 나타난다. 붓다는 이것을 연기라 불렀다.[2]

붓다가 깨달은 연기법은 『쌍윳다 니까야』 12.65 「나가라경(Nagara-Sutta)」에 자세히 설명되어 있다.[3] 붓다가 깨달은 연기는 십이연기, 즉 십이인연이다. 십이연기의 핵심을 현대의 과학적 관점에서 이해하면 인간의 마음 작용이 무지(무명)에서 시작하는 12개 연결고리의 순환이 영속적으로 작동하고 있기 때문에 우리가 괴로움을 겪고 있다는 것이다.

연기의 12개 연결고리는 다음의 〈그림 1〉과 같다. 무지(無知, ignorance) · 업(業, karma) · 의식(意識, consciousness) · 명색(名色, name and form) · 육입(六入, six sense bases) · 접촉(接觸, contact) · 느낌(感覺, feeling) · 갈애(渴愛, craving) · 취온(取蘊, grasping) · 유(有, becoming) · 탄생(誕生, birth) 그리고 노사(老死, old age and death)이다. 12개 연결고리는 마음의 순환적 성질을 나타내기 위해 하나의 바퀴로 그린다. 우리 마음의 삶은 이 12개 연결고리의 바퀴가 움직이듯이 계속 순환하고 이 바퀴의 연쇄에서 해방되기 전까지는 그 순환이 끝없이 진행되며 우리는 괴로운 인생을 살게 된다.[4]

이중표 교수는 붓다가 우루웰라(Uruvela)의 네란자라(Neranjara)강 언덕에 있는 보리수(菩提樹) 아래에서 깨달은 12연기의 법칙을 순관(順觀)과 역관(逆觀)으로 다음과 같이 묘사하였다.[5]

"나라고 할 만한 것이 없다는 사실을 알지 못하기 때문에(無

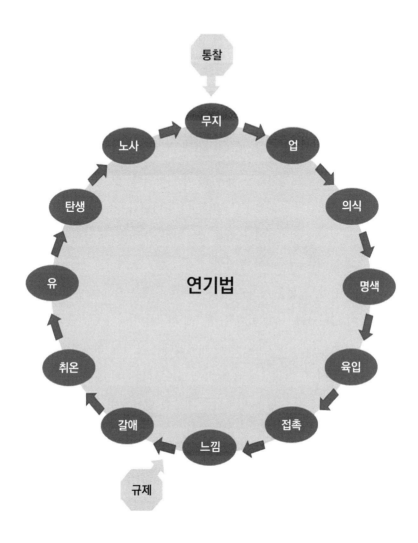

〈그림 1〉 연기의 12개 연결고리

明) 내가 있다고 생각하면서 살아간다(行, 業이라고도 함). 내가 있다고 생각하면서 살아가기 때문에 나와 세계를 분별하는 마음(識)이 생긴다. 나와 세계를 분별하는 마음에 의지하여 이름(名)과 형색(色)이 나타난다. 이름과 형색에 의지하여 그것을 보고 듣는 자아(六入處)가 나타난다. 그 자아에 의지하여 대상을 경험하는 접촉(觸)이 나타난다. 그 접촉에 의지하여 즐겁거나 괴로운 느낌(受)이 나타난다. 즐겁거나 괴로운 느낌에 의지하여 느낌을 갈망하는 갈애(愛)가 나타난다. 그 갈애에 의지하여 무상한 오온(五蘊)[6]을 자아로 취(取)하게 된다. 오온을 자아로 취하기 때문에 내가 있다는 생각(有)이 나타난다. 내가 있다는 생각에 의지하여 내가 태어났다는 생각(生)이 나타난다. 내가 태어났다는 생각에 의지하여 내가 늙어 죽는다는 생각(老死)이 나타난다. 이와 같은 과정이 모여서 온갖 고통을 일으키는 괴로움 덩어리가 나타난다(苦集)."

"나라고 할 만한 것이 없다는 사실을 깨달으면(無明滅) 나 아닌 것이 없다는 생각으로 살아갈 수 있다(行滅). 나 아닌 것이 없다는 생각으로 살아가면 나와 세계를 분별하는 마음이 사라진다(識滅). 분별하는 마음이 사라지면 이름과 형색이 사라진다(名色滅). 이름과 형색이 사라지면 그것을 보고 듣는 자아가 사라진다(六入處滅). 그 자아가 사라지면 대상을 경험하는 접촉이 사라진다(觸滅). 그 접촉이 사라지면 즐겁거나 괴로운 느낌이 사라진다(受滅). 즐겁거나 괴로운 느낌이 사라지면 느낌을 갈망하는 갈애가 사라진다(愛滅). 그 갈애가 사라지면 오온을 자아로 취하지 않게 된다(取滅). 오온을 자아로 취하지 않으면 내가 있다는 생각이 사라진다(有滅). 내가 있다는 생각이 사라지면 내가 태어났다는 생각이 사라진다(生滅). 내가 태어났다는 생각이 사라지면 내가 늙어 죽는다는 생각이 사라진다(老死滅). 이와 같은 통찰을 이어가면 온갖 고통을 일으키는 괴로움 덩어리가 소멸한다(苦滅)."

이와 같이 12개의 연결고리는 먼저 존재하는 연결고리가 원인이 되고 그 원인에 의해서 발생하는 연결고리는 결과가 된다. 이것을 비유하면 도미노 놀이와 같다. 하나의 도미노가 무너지면 그다음에 있는 도미노가 무너지고 그 이후의 도미노 모두가 차례차례로 무너지는 놀이와 같다. 12개의 연결고리는 12개의 도미노와 같음을 비유적으로 나타낸 것이다. 이것의 논리는 만약 12개의 연결고리 중하나를 제거하면 그다음의 도미노는 무너지지 않고 연쇄 반응은 중단된다는 논리이다.

12연기의 순환 속에서 살고 있는 우리 인간들이 이 연기의 순환에서 빠져나올 때 괴로운 삶이 청산되고 자유로운 삶을 살 수 있다. 그러기 위해서 가장 중요한 것은 무지, 즉 무명에서 빠져나옴으로써 괴로움의 연쇄에서 탈출하는 것이다. 이제 12개의 연결고리를 간략하게 설명한다.

무지(無知, ignorance) - 연결고리 1

무엇이 무지, 즉 무명일까? 우리의 마음이 대상에 의존하고 있고 대상이 마음에 의존하고 있음을 모르고 있는 그것이 무지이다. 즉 의식이 있기 때문에 명색이 있고 명색이 있기 때문에 의식이 있음을 모르고 있는 그것이 무지이다. 이와 같이 나의 마음의 작동원리를 잘 모르고 있는 그것이 무지이다. 다음에는 삶의 상호연결의 진리를 모르고 살고 있는 것이 무지이다. 세상의 작동 원리를 잘 모르고 있다는 것이다. 종국에는 삶의 의미를 깨닫지 못하면서 살고 있는 그것이 무지이다.

앞에서 우리는 '나'란 존재 속에 독립된 실체가 없음을 보았다. 존재론적 자아가 환상임을 보았다. 우리는 이러한 환상 속에서 살고 있다. 이러한 환상 속에서 사는 우리는 자신과 자신이 아닌 것을 나눠 자신을 실체라고 믿고, 실체라고 생각하는 자신에게 얽매이고, 생명과 생명 아닌 것을 나눠 생명을 실체로 간주하여 그 생명에 얽매인다. 이와 같은 앎을 우리는 분별지(分別知)라 한다. 이런 마음이 우리를 지배하고 있고 모든 번뇌의 근원이 되고 있다.

알아차림 명상 전통에서 말하고 있는 대표적인 비유를 들어 무지를 설명해 보자. 어떤 사람이 어두운 방에 들어가 방바닥에 꼬여 있는 어떤 물체를 보고 뱀이라고 여겼다. 이것이 무지다. 그는 즉각 '뱀에 물리면 큰일 나겠구나!'라고 생각하면서 공포에 휩싸였다. 몸이 얼어붙고 심장이 요동치며 손에서 땀이 났다. 이 순간 어떤 누가 방의 전기 스위치를 켜서 전등불이 들어왔고, 방바닥에 있는 그 물체는 뱀이 아니고 새끼줄임이 드러났다. 방에 있었던 외부적 실재는 새끼줄이었지만 그가 인식하였던 것은 새끼줄이 아니고 뱀이었다. 이러한 상태가 무지이다. 그러나 전기불이 들어와 새끼줄을 보게 되자 그는 강한 이완의 상태를 경험한다.

그는 자신의 존재를 보호해야 한다는 생존본능에 휩싸여 습관적으로 새끼줄을 뱀으로 본 것이다. 그렇게 인식

한 것이 무지이다. 그는 자신의 감각으로부터 오는 소량의
정보에 기초하여 자신의 눈으로 보고 있는 그것이 자신을
위협하고 있다고 생각하였다. 과거의 어떤 경험에 기초하
여 그렇게 믿었고 자신을 보호해야 한다고 생각하여 몸이
얼어붙은 것이다. 이와 같이 우리는 무지 속에 빠져서 삶
을 살아가고 있다. '나' 속에는 자아라는 실체가 없음에도
불구하고 그러한 실체가 있다고 믿고 살고 있다. 우리 모
두는 그렇게 살고 있다.

업(業, karma) - 연결고리 2

업은 두 번째 연결고리이다. 무지에 의해 조건 지워진
(길들여진) 것이다. 업은 몸, 말, 마음의 자극적 그리고 의지
적 활동을 야기하는 깊이 뿌리박힌 습관이다. 그것은 행위
(action)로 드러난다. 우리로 하여금 생각하고 말하고 행동
하게 재촉하고 밀어붙이는 조건반사신경을 포함하고 있
다. 조건반사신경은 마음의 식역하(Subliminal) 영역에 숨어
있는 것으로, 무의식적 목적과 그것의 구동으로 드러날 수
있는 것이다. 업의 단계에서는 의식의 형태를 취하지 않고
단순한 자극으로 존재한다. 간단히 말하면 이것은 타인과
분리된 '대상적 나'라는 느낌이다. 대상적 나는 타인과 분

리되어 있다고 느끼는 나이며 여기에는 행동을 위한 자극
이 있다.

의식(意識, consciousness) - 연결고리 3

의식은 세 번째 연결고리이다. 의식은 업에 의해 길들
여진 것이다. 이것은 의식작용의 흐름이다. 일단 '대상적
나'라는 느낌이 있고 행동을 위한 자극이 있으면 에너지
가 다음 순간을 야기시키는 시동을 건다. 의식은 이들 순
간을 매일매일 진행되는 상이한 생각, 느낌, 지각 그리고
행동을 포함한 경험의 흐름 속으로 연결한다. 여기에는
'이것은 알아차리는 나'라는 계속되는 느낌이 있다. '대상
적 나'에 대한 감각은 우리의 경험을 관통하는 알아차림
과 융합된다. 그런데 여기서 말하는 의식은 식역하 수준
의 의식이다.

수행의 관점에서 보면 우리의 삶이란 한 순간에서 다
음 순간으로 흐르는 경험의 흐름이며 우리는 펼쳐지고 있
는 삶에 주의를 기울이고 있을 뿐이다.

명색(名色, name and form) - 연결고리 4

명색은 네 번째 연결고리이다. 명색은 우리의 상식적인 생각에 기초한 사물의 이름과 형태를 말한다. 그런데 명색은 본래 우리의 외부에 존재하였던 것이 아니고 우리의 내부의 마음에서 연기한 것이다. 따라서 명색은 의식에 의해 조건 지워진 것이다. 전통적인 가르침에서는 명색은 오온(五蘊)이라고 알려진 경험의 기본적 구성단위이다. 명색은 의식흐름의 경험이 굳어진 '나'라는 것이 있다는 마음이 생기면 당연히 자신과는 다른 별개의 분리된 실재로서의 '외계'가 있다고 생각한다. 그러나 우리는 오늘날 이러한 경험의 견고함이 뇌에 의해 만들어진다는 것을 신경과학의 발전으로 알게 되었다. 뇌는 과거 경험에 의해 만들어진 예측에 기초하여 외부세계로 실체에 대한 감각을 투사한다. 이와 같이 우리의 의식의 흐름 안에서 자유롭게 흐르던 에너지가 '대상적 나'라는 느낌과 나와 분리되는 외부 세계의 느낌으로 견고하게 응결된 것으로 나타난다.

육입(六入, six sense bases) - 연결고리 5

육입은 다섯 번째 연결고리이고 명색에 의해 조건 지워진 것이다. 보고, 듣고, 냄새 맡고, 맛보고, 감촉하고, 생각하는 것이다. 이것들은 우리가 경험하는 세계와의 통로이며 명색에 의지하여 존재하는 것이다. 왜냐하면 마음과 몸의 복합체는 이들 육입이라는 존재의 전제조건이기 때문이다.

각각의 감각은 감각기관과 이와 연관된 의식으로 구성된다. 예를 들어 눈의 내적 감각기관은 외적으로 보이는 대상에 반응하며 안식(eye-consciousness)과 관련된다. 이것이 의미하는 바는 우리는 볼 수 있는 눈을 가지고 있고, 보여지는 대상이 있으며 이 둘을 연결하는 안식이 있다는 것이다. 물론 다른 감각도 이와 같다. 여기서 핵심 포인트는 우리는 '나' 그리고 '나의 의식'을 가지고 있을 뿐만 아니라 '나는 사물을 의식적으로 보고 있다', '나는 의식적으로 소리를 듣고 있다' 그리고 '나는 어떤 것을 의식적으로 생각하고 있다'는 것이다. 그것은 바로 보고 듣고 생각하는 것이 아니라 '내'가 듣고 있고 '내'가 보고 있고 '내'가 생각하고 있다는 것이다. 다시 말하면 우리는 자아의 존재를 가정하고 있기 때문에 각 연결고리의 뿌리에 무지가 놓여 있는 것이다.

접촉(接觸, contact) - 연결고리 6

접촉은 여섯 번째 연결고리이고 육입에 의해 조건 지워진 것이다. 이것은 맨(bare) 감각 수준에서 세계와 접촉하는 것을 말한다. 우리는 보면서 보고 있는 것과 접촉하고 있다. 또는 들으면서 소리와 접촉하고 있다. 그리고 마음속에 일어나는 생각이 있고 그것에 대한 순간적인 알아차림이 있다. 접촉은 저쪽에 있는 세계에 대해 경험을 갖는, 여기 있는 '대상적 나'의 감각을 강화한다. 그것은 무지를 강화하는 것이다. 즉 외부 세계의 사람이나 사물과 분리된 것으로 견고하게 굳어진 느낌인 자아감의 출현을 강화한다.

첫 번째의 연결고리 무지에서 여섯 번째 연결고리 접촉까지는 식역하 수준에서 일어나는 연결고리이다. 즉 우리의 보통의 의식수준에서 일어나는 연결고리는 다음의 연결고리 7-느낌에서 시작한다.

느낌(感覺, feeling) - 연결고리 7

느낌, 즉 수(受)는 일곱 번째 연결고리로 접촉에 의해 조건 지워진 것이다. 이것은 접촉에 따라 일어나는 즐거움, 불쾌함 혹은 중립으로 규정되는 것이다. 이것은 심리적으로 느끼는 감각인 쾌락적 색조(hedonic tone)이다. 접촉으로 인한 감각의 결과는 느낌이고 우리는 이를 통제할 수 없다. 느낌의 경험은 자아감을 더욱 강화한다. '여기에 있는 느낌은 나의 경험이 되고 따라서 나는 실재하는 것이 틀림없다'고 여긴다. 이 단계에서 맨주의 알아차림(bare awareness)을 유지하는 수행이 필요하다. 맨주의 알아차림으로 느낌의 연결고리를 제거하여 계속되는 무지가 다음 연결고리 8-갈애로 이행하는 것을 차단할 수 있기 때문이다.

갈애(渴愛, craving) - 연결고리 8

갈애는 여덟 번째 연결고리이고 느낌에 의해 길들여진 것이다. 이것은 시각적 대상, 소리, 냄새, 맛, 육체적 감각 그리고 정신적 대상에 대한 갈망이다. 즐거운 느낌의 결과는 욕망이다. 고통스런 느낌의 결과는 혐오와 회피이고 중립적 느낌의 결과는 무관심이다. 이것이 자기중심적 선호 시스템(EPS)이 살아가는 방식이다.

느낌에 대한 이러한 반응은 우리가 갖는 경험의 감각을 강화한다. 가령 시각적 대상의 존재를 녹화하는 안식의 공정한 경험이 개인적인 것이 되어버리는 이원적인 것으로 변형된다. 예를 들어 "나는 아름다운 것을 보고 있다. 나는 그것이 좋다. 이제 나는 그것을 애착한다"로 진행된다. 이와 같은 과정을 '개입 혹은 연루'라고 한다. 개입의 순간은 융합의 순간이다. 널찍하고 자유로운 자극이나 생각이 자기중심적 선호시스템(EPS)과 결합하는 순간이다. 알아차림 수행의 핵심은 비개입(비연루) 혹은 기피이다. 갈망을 알아차리고 연루를 회피하는 것이다.

취온(取蘊, grasping) - 연결고리 9

취온은 아홉 번째 연결고리이고 갈애에 의해 조건 지워진 것이다. 이것은 '나'라는 감각과 내가 원하는 것이 빠르게 나의 정체성이 되어가는 감각적 힘으로 모아지는 것이다. 이러한 감정적 힘은 자기중심적 선호시스템의 혈액이 된다.

유(有, becoming) - 연결고리 10

유는 열 번째 연결고리로 취온에 의해 조건 지워진 것이다. 이 상태를 존재의 순간으로 표현할 수 있다. 단순히 감각적 경험으로 시작된 것이 나의 정체성의 일부가 된 것이다. 예를 들어 불안을 경험하는 어떤 사람이 불안한 존재가 되는 것과 같다.

탄생(誕生, birth) - 연결고리 11

탄생은 열한 번째의 연결고리이며 유에 의해 조건 지워진 것이다. 이것은 심리학 수준에서는 응결(solidification)이라 할 수 있다. 우리에게 힘을 발휘하는 독립적인 실체의 형태를 갖추는 것이다. 예를 들어 불안이 불안한 존재로서의 실체를 갖추는 것과 같다.

노사(老死, old age and death) - 연결고리 12

노사는 열두 번째 연결고리이고 탄생에 의해 조건 지워진 것이다. 이것은 상황의 소멸과 사라짐으로 이해할 수 있는 것이다. 우리의 정신적인 집착, 지속적인 마음 상태, 그리고 정서적 고정관념 모두가 끝을 맞이하는 것이다. 마음이 자신의 고정관념을 해방시키는 과정이다.

이상의 12개의 연결고리는 우리의 마음이 진행되어 가는 과정을 나타내고 있다. 무지로 인해 매우 치열하고 고통스런 경험이 생기고, 그리고 그것이 변화하고 이동한다. 하지만 근원적 원인은 여전히 남아 있다. 그것은 무지이다. 그리고 무지로부터 생긴 습관적 패턴은 12개의 연결고리를 통해 강화된다. 잿더미에서 피어나는 불사조처럼 자기중심적 선호시스템이 다시 출현한다. 그리고 다시 연기의 수레바퀴는 계속된다. 우리는 자신도 모르게 그것을 재생하고 있기 때문이다. 우리는 견고하고 독립된 자아라고 믿고 있는 그것에 묶여 있는 모든 생각, 말 그리고 행동에 숨어 있는 무지의 엔진에 끊임없이 연료를 언제나 공급하고 있다.

무지에서 탈출할 수 있을까? 그렇다. 탈출할 수 있다. 그 길은 어떤 길인가? 12연기의 삶을 통찰하여 연기의 연결고리에서 빠져나오는 길이다. 나의 삶을 통찰하여 지혜를 증득하고 깨달음을 얻는 길이다. 지혜를 증득하기 위해서는 명상적 삶을 살면서 수행을 하여야 하고 깨달음을 얻어야 한다. 이렇게 깨달음을 얻어 무지에서 해방된 사람, 그는 삶의 괴로움에서 벗어난 사람이다. 무지에서 해방되면 업에서 해방되고, 업에서 해방되면 의식에서 해방되고, 이와 같이 모든 연쇄의 연결고리에서 해방되어 괴로운 삶에서 벗어날 수 있다.

그리고 실제적 삶의 행위의 관점에서는 연기의 순환의 7번째 연결고리, 느낌(feeling)의 단계에서 갈애로 넘어가는 단계의 사이에서 규제적인 행동을 하여 연쇄의 연결고리에서 탈출할 수 있다. 느낌이 발생하고 그 느낌이 갈애로 변하기 전에 그 느낌을 알아차리고, 직접 보고 느낌의 에너지가 활성화되지 않고 사그라지게 하는 행동을 함으로써 연쇄의 연결고리를 끊을 수 있다. 연쇄의 연결고리를 끊음으로서 우리의 마음은 더 이상 윤회하지 않게 된다. 더 이상 윤회하지 않는 삶, 그 삶이 깨달음을 얻은 사람의 삶이다.

사성제

붓다는 연기법의 사유를 통하여 사성제를 깨달았다. 사성제는 연기의 도리를 따라 깊이 사유한 결과에 의해 밝혀진 진리이다. 그는 통찰을 통하여 인간의 삶에서 괴로움이 어떻게 일어나는지를 깨달았고 그리고 괴로움이 일어나는 연기의 순환을 깨뜨려 괴로움을 종식시킬 수 있다는 것을 깨달았다. 붓다가 깨달은 지혜를 고귀한 이의 네 진리 혹은 사성제(四聖諦, Four Noble Truths)라고 한다. 사성제는 인간의 삶의 전반에 대한 붓다의 통찰이며 지혜이다.

그는 우리의 삶에 괴로움이 만연할 수밖에 없다고 통찰하였다. 그리고 우리의 삶에 내재되어 있는 괴로움의 발생과 소멸의 진리를 통찰하였고 마지막에 괴로움에서 해방될 수 있는 길의 진리를 깨달았으며 이 길을 우리에게 제시하였다. 네 가지의 성스러운 진리는 다음과 같다.

첫째, 괴로움의 성스러운 진리
둘째, 괴로움 발생의 성스러운 진리
셋째, 괴로움 소멸의 성스러운 진리
넷째, 괴로움 소멸에 이르는 길의 성스러운 진리

괴로움의 성스러운 진리

우리 인간들은 삶의 과정에서 많은 괴로움 즉 고통을 겪을 수밖에 없다는 진리를 말한다. 일명 고성제(苦聖諦)라고 한다. 태어남, 늙음, 병, 죽음이 괴로움이고 그리고 근심, 슬픔, 우울, 절망도 괴로움이다. 사랑하는 사람과 헤어지는 괴로움도 있고 미워하는 사람과 만나는 괴로움도 있다. 원하는 것을 얻지 못하는 괴로움도 있다. 이와 같이 우리 인간은 삶에서 필연적으로 많은 괴로움에 직면할 수밖에 없는 운명에 처해 있다. 이것이 우리의 삶이 직면한 괴로움의 진리이다. 그런데 우리 인간들은 이와 같이 피할 수 없이 맞이하는 괴로움 위에 또 다른 괴로움의 화살을 맞고 있다고 붓다는 강조하였다.

먼저 맞은 괴로움의 화살 위에 한 번 더 맞는, 즉 두 번째로 맞는 이 화살을 우리는 저항 강박의 화살이라 부른다. 저항 강박(resistance obsession)이란 첫 번째로 맞은 화살로 인해 발생한 고통을 느끼지 않으려고 하는 마음이 맞는 화살이다. 이 두 번째로 맞는 화살의 고통이 첫 번째로 맞는 화살의 고통보다 더 크고 오래 갈 수 있다고도 한다. 그러나 첫 번째 화살은 삶에서 피할 수 없는 불가피한 고통이지만 두 번째 화살은 우리가 피할 수 있는 고통이라고 붓다는 가르쳤다. 그리고 두 번째 화살을 맞았다고 할지라도 그 고통을 완화시킬 수 있는 길을 설파하였다. 이 길이 명상의 길이다.

괴로움의 발생의 성스러운 진리

붓다는 통찰을 통하여 자신의 마음을 살펴보았다. 그리고 그는 괴로움의 뿌리에는 무명, 즉 무지가 있음을 관찰하였다. 그는 무지에서 연기의 연결고리가 시작되는 것을 통찰하였다. 그는 연기의 연결고리에서 괴로움이 발생하는 곳이 8번째 연결고리인 갈애라고 관찰하였다. 그는 이 갈애의 순간이 괴로움이 발생하는 순간이라고 보았다. 갈애의 순간에 좋아하는 것을 가지려 하고, 싫어하는 것을 피하려 하고 그리고 관심이 없는 것을 무시하는 자아감이 발동한다.

이 순간이 저항 강박의 순간이다. 자기중심적 선호시스템이 작동하는 순간이다. 이 순간은 본래의 '순수한 나'가 '이기적인 나'와 융합하여 탈바꿈하는 순간이다. 이 순간 이후의 나는 이기적인 나이며 편향적인 나이다. 향락과 탐욕을 추구하는 나이며 감각적 쾌락과 욕망에 탐닉하는 나이다. 이러한 나는 괴로움이라는 고통을 스스로 짊어지려고 하는 무지의 나이다. 이것을 괴로움의 발생의 성스러운 진리라고 부른다. 일명 집성제(集聖諦)라고 부른다.

괴로움의 소멸의 성스러운 진리

일명 멸성제(滅聖諦)라고 부른다. 연기의 12 연결고리에서 무지가 제거됨으로써 업이 중단되고, 업이 중단됨으로 의식이 중단된다. 이와 같이 연기의 순환이 중단된다. 갈애가 남김없이 사라지고 소멸되면 집착이 사라지고 해탈한다. 이 경지가 청정무구한 해탈과 열반의 세계이다.

연기의 순환을 끝냄으로써 가능한 세계이다.

그러나 문제는 무지가 쉽게 사라지지 않는다는 점에 있다. 갈애가 용이하게 소멸되지 않는다는 점에 있다. 내가 누구인지를 모르고 있고 그리고 모든 존재들이 서로 연결되어 있다는 상호연결성의 진리를 깨닫지 못하고 있는 나는 여전히 '자기중심적 선호시스템'의 지휘를 받고 있기 때문이다. 따라서 무지가 제거되지 않고 갈애의 뿌리 역시 제거되지 않고 있기 때문이다. 때문에 자기중심성의 고착화를 완화하는 길을 찾는 수행이 요구되는데, 그 길이 괴로움의 소멸에 이르는 길의 성스러운 길이다.

괴로움의 소멸에 이르는 길의 성스러운 진리

일명 도성제(道聖諦)라고 한다. 이 길은 팔정도의 길이다. 여덟 단계의 고귀한 길 즉 팔정도의 길을 수행하고 완성함으로써 괴로움에서 벗어나 마음을 자유롭고 평화롭게 만들어 갈 수 있다. 팔정도를 수행함으로써 연기의 순환의 연결고리에서 빠져나올 수 있다. 이러한 가르침이 괴로움의 소멸에 이르는 길의 성스러운 진리이다.

붓다는 깨달음을 얻고 난 뒤 처음으로 가르침을 펴면서 제시한 길이 쏠림 없는 중간 길이었다. 이른바 중도(中

道)이다. 그것은 바로 감각적 만족을 주는 대상을 갈망하는 저급한 태도도 아니고 자기 자신을 괴롭히는 고행 자체를 목적으로 삼는 의미 없는 태도도 아닌 중도이다. 붓다 자신은 이 두 가지를 피하는 길, 즉 쏠림 없는 중간 길을 깨달았다고 말한다. 그리고 이 쏠림 없는 중간 길이 바로 우리를 지혜와 깨달음과 니르바나(nirvana, 涅槃)로 이끈다고 하였다.[8] 그리고 그는 이 쏠림 없는 중간 길이 바로 여덟 단계 고귀한 길이라고 제시하였다. 즉 팔정도이다.

팔정도[9]

붓다는 괴로움 발생의 근본 뿌리를 무명(無明)이라고 보았다. 오늘날의 용어로는 무지(ignorance)이다. 무지로 인하여 번뇌가 생기고 그리고 번뇌로 인하여 괴로움이 발생하기 때문에 괴로운 삶을 벗어나기 위해서는 무지의 제거가 필수적으로 요청된다. 그런데 무지를 어떻게 제거할 수 있을까? 무지를 없애려면 마음의 작용에 대한 이해 그리고 이에 대처하는 삶을 사는 지혜가 요구된다. 올바른 지혜 없이는 무지를 제거할 수 없다.

지혜는 어떻게 얻을 수 있을까? 지혜는 지식이 아니다. 지식은 학습으로 그리고 자료를 축적하고 분석함으로써 얻을 수 있지만 지혜는 그렇게 해서 얻어질 수 있는 것이 아니다. 지혜는 지식 이상의 앎과 통찰을 통하여 얻어진다. 그것은 나라는 존재와 인간과 사회에 대한 궁극적인 통찰과 사물의 근본적 속성에 대한 통찰을 통하여 얻을 수 있는 것이다. 그것은 우리의 삶을 영위하는 과정에서 체험하고 느낀 것을 습득하고 통찰하여 깨달음을 얻어 획득할 수 있는 것이다.

붓다는 체험과 통찰을 통하여 얻을 수 있는 지혜를 우리 인간들이 수행을 함으로써 계발할 수 있다고 하였다. 우리 인간들이 수행으로 얻는 체험과 통찰을 통하여 지혜를 얻고 이를 삶에서 실천함으로써 괴로움에서 벗어날 수 있다고 보았다. 이 길이 성스러운 팔정도의 길이다. 붓다가 깨달음을 얻고 난 뒤 제시한 이 성스러운 길이 우리 모든 인류의 삶의 귀감의 길이요 우리 명상가가 따라가야 할 모범의 길이다. 팔정도는 다음과 같이 분류된다.

지혜 계발의 길

정견(正見, Right View)

정사유(正思惟, Right Intention)

윤리적 행동 계발의 길

정어(正語, Right Speech)

정업(正業, Right Action)

정명(正命, Right Livelihood)

정신 수련 계발의 길

정정진(正精進, Right Effort)

정념(正念, Right Awareness)

정정(正定, Right Concentration)

팔정도는 계율, 선정, 지혜 즉 계정혜(戒定慧) 3학으로 분류된다. 여기서 계(戒)에 해당하는 가르침이 윤리적 행동 계발의 길인 정어, 정업, 정명이며, 정(定)에 해당하는 가르침이 정신 수련 계발의 길인 정정진, 정념, 정정이다. 그리고 혜(慧)에 해당하는 가르침이 지혜 계발의 길인 정견과 정사유이다.

정견(Right View)

정견이란 바른 견해이고 바른 판단이다. 무엇에 대한 바른 견해이고 판단인가? 우리 인간의 삶에 대한 바른 견해이고 판단이다. 우리 인간의 삶에 대해 바른 견해와 판단을 갖기 위해서는 첫째, 업에 대한 이해와 믿음이 필요하고 둘째, 사성제를 바로 이해하고 팔정도의 길을 따라 살아가는 것이 필요하다. 우리의 행동인 업이 만드는 인연과보(因緣果報)의 원리를 바로 이해하여 그 원리에 따라 선한 삶을 살고 나아가 사성제에 대한 올바른 이해 속에서 우리에게 발생하는 괴로움을 소멸시키는 팔정도의 길을 따라 살아가는 삶, 그것이 정견이다.

따라서 정견을 위해서는 먼저 업에 대한 이해가 필수적으로 요청된다. 업(業, karma)이란 행동 또는 행위의 다른 말이다. 우리의 의도가 만들어 내는 행위를 말한다. 우리의 의도는 몸이나 말, 그리고 뜻의 세 가지 통로를 통하여 나타나는데 이 셋을 '업의 문'이라 부른다. 몸으로 짓는 신업(身業), 말로 짓는 구업(口業), 뜻으로 짓는 의업(意業)이 그것이다. 그런데 우리의 행위는 선(善)한 것과 불선(不善)한 것으로 구분될 수 있다. 그것을 우리는 선업과 불선업이라 부른다. 붓다가 제시한 열 가지 불선업은 다음과 같다.

몸으로 짓는 업

생명을 상하게 함

도둑질

음란한 행위

입으로 짓는 업

거짓말

이간질하는 말

거친 말

쓸데없는 말

뜻으로 짓는 업

탐욕

나쁜 의도

그릇된 견해

열 가지 불선업에 반대되는 행위가 열 가지 선업이다.

업이 중요한 이유는 업의 결과는 반드시 그에 상응한 과(果)로 나타나기 때문이다. 행위의 이 법칙은 불선의 행위는 고통이라는 과로 나타나고 선의 행위는 기쁨이라는 과로 나타난다는 인연과보의 원리로 작동한다.

우리가 의도를 갖고 어떤 행위를 할 때 그 의도는 의식의 흐름에 흔적을 남기고 이 흔적은 무의식에 저장된다. 저장된 업이 어떤 조건(condition)을 만나면 무의식의 상태에서 벗어나 활성화되고 발현되어 어떤 의식의 결과로 나타난다. 즉 원래의 행위에 상응하는 어떤 결과가 나타난다. 이것이 인연과보의 법칙이다. 업의 인연과보의 법칙을 바로 바라보는 것이 정견이다. 우주 만물은 인연과보의 법칙에 따라 운행하고 작동한다. 콩 심은 데 콩 나고 팥 심은 데 팥 난다. 이렇게 보는 것이 정견이다.

사성제를 바로 이해하고 팔정도의 길을 걸으며 살아가는 것이 정견이다. 수행의 시작에서부터 마지막 순간까지 괴로움을 이해하고, 괴로움의 일어남을 이해하고, 괴로움의 소멸을 이해하고 그리고 괴로움을 소멸시키는 길을 찾아 그 길을 추구하는 삶을 살아가는 것이 정견의 길이다. 정견으로 마음의 자유를 찾아 기쁘게 살아가는 삶, 그것이 정견으로 얻는 행복이다.

정사유(Right Intention)

정사유란 바른 의도 또는 바른 생각이다. 붓다는 바른 사유를 세 가지로 설명한다. 욕망을 버리려는 사유, 선의를 베풀려는 사유 그리고 다른 생명을 해치지 않으려는 사유이다.

우리의 삶은 욕망의 바다에서 떠돌면서 살고 있는 삶이다. 우리 모두가 행복을 갈구하지만 실은 자신의 삶을 욕망의 흐름에 내맡기면서 살고 있다. 욕망을 충족하는 것이 행복이라고 착각하고 욕망 속에서 허우적거리며 살고 있다. 그러나 욕망 충족의 과정에는 반드시 괴로움이 수반되고 있음을 알아야 한다. 욕망이 처음 고개를 쳐들 때에는 부족감 즉 결여라는 괴로움이 나타난다. 욕망 충족의 과정 중에는 괴로움이 아픔이나 불안으로 드러나기도 하고 불만족과 두려움이라는 감정 등으로도 나타나기도 한다. 그리고 욕망 충족이 이루어지지 못할 때는 실망과 좌절의 괴로움을 겪는다. 심하면 절망의 구렁텅이에 빠지기도 한다.

욕망이 충족되어도 괴로움은 사라지지 않는다. 모처럼 얻은 지위와 부를 지키기 위해 전전긍긍하며, 만족할 줄 모르고 더 높은 지위를 얻기 위해, 더 많은 부를 쌓기 위해 집착하고 안달한다. 이것이 괴로움이다. 괴로움의 크기는 욕망에 따른 집착의 크기에 비례한다. 만약 집착의 강도가 컸음에도 불구하고 실패할 경우에는 더 큰 좌절을 겪는다.

따라서 우리는 어떤 욕망과 이를 추구하는 과정을 사유하면서 그 욕망에 따른 위험을 사유하고 그리고 그 욕망을 내려놓음으로써 얻을 수 있는 유익을 사유함으로써 무모한 욕망의 지배에서 해방될 수 있다.

다음은 선의를 베풀려는 사유이다. 선의의 사유는 악의에 반대되는 사유로 바로 자애(loving-kindness)의 사유이다. 자애는 뭇 생명이 행복하기를 바라는 마음이다. 나 혼자만 행복하기를 바라지 않고, 내 가족만 잘 살기를 바라지 않으며 이웃과 더불어 세상에 있는 모든 생명이 행복하기를 바라는 마음이다. 자애의 마음으로 살고 있는 자, 그가 깨어 있는 사람이다. 자애로운 마음을 기르기 위해서는 자애명상을 수행하는 것이 좋다.

다음은 생명을 해치지 않으려는 연민(compassion)의 사유이다. 연민은 자애를 보완한다. 자애가 뭇 생명의 행복을 기원하는 마음이지만 연민은 뭇 생명이 고통에서 벗어나기를 바라는 마음이다. 연민의 마음은 그냥 생겨나지 않는다. 따라서 연민의 마음을 일으키기 위해서는 직접 고통을 겪고 있는 사람 혹은 생명을 머릿속에 떠올려 그 생명의 고통과 슬픔 그리고 두려움 등에 공감함으로써 가능하다.

바른 사유 없이는 바른 행동이 없고 바른 삶이 없다.

정어(Right Speech)

정어는 바른 말이다. 바른 말이란 거짓말을 피하고 진실을 말하며 진실에 헌신하는 말을 말한다. 진실에 헌신하지 않으면 지혜는 샘솟지 않는다. 따라서 지혜를 추구하는 사람은 진실을 추구해야 하고 진실의 추구는 거짓말을 하지 않는 것으로부터 시작한다.

바른 말이란 이간질하는 말을 피하고 유언비어로 불화를 조성하지 않는 것이다. 이간질하는 말 속에는 적개심과 증오가 숨어 있어 개인 간이나 사회의 화합을 파괴한다. 이간질하는 말을 하는 행위는 심각한 도덕적 이탈 행위이다.

바른 말이란 거친 말을 멀리하고 예의 바르고, 친절한 말을 말한다. 화가 난 상태에서 상대방에게 내뱉는 거친 말은 독설이다. 독설은 상대에게 모욕을 주는 행위로 반드시 상대의 보복을 불러일으킨다.

바른 말이란 쓸데없는 말을 피하고 멀리하는 것이다. 무의미한 말을 하지 말라는 가르침이다. 쓸데없는 말을 피하는 방법으로는 말수를 줄이는 방법과 묵언 등의 수행법이 있다.

정업(Right Action)

바른 행위란 생명을 존중하고, 주어진 것이 아니면 탐하지 않고 부정한 성행위를 하지 않으며 정직하게 사는 것을 말한다. 생명을 존중하는 행위는 첫째 살생을 하지 않는 것이며 그다음에 생명을 해치고 괴롭히는 행위를 하지 않는 것이다. 주어진 것이 아닌 것을 취하는 행위로는 절도, 강도, 날치기, 사취 그리고 속임수 등이 있다. 부정한 성행위로는 불륜 관계의 성행위와 사회의 관습에 반하는 성행위를 하는 것 등이 있다. 올바른 행위로 바르게 살아가는 삶은 마땅히 뭇사람들의 존경을 받는 삶이다.

정명(Right Livelihood)

정명이란 바른 생계를 말한다. 바른 생계란 어떤 것인가? 재물을 합법적으로, 평화적으로 그리고 정직하게 취득해서 생계를 유지하는 삶을 말한다. 인간 세계에서 발생하는 많은 악은 재물의 취득과 소비에서 발생한다. 재물을 바르게 취득하고 소비하는 생계는 우리 사회를 평화롭게 만드는 기반이다. 바른 생계를 위해 피해야 할 것은 다음과 같은 것들이다. 살생의 도구인 무기를 거래하는 것, 노예거래와 매춘 등 생명체를 거래하는 것, 도살업에 종사하는 것, 독약과 마약을 거래하는 것 등이다.

바른 말, 바른 행위 그리고 바른 생계는 청정한 삶을 살기 위한 전제 조건이고 이들 조건이 확립되면 다음 단계로 나아간다. 그것은 정신 수련의 계발이다. 바른 노력, 바른 알아차림 그리고 바른 집중이다.

정정진(Right Effort)

바른 노력이란 바람직한 마음을 갖기 위한 다음의 네 가지 노력이다.

- 마음에 아직 일어나지 않은 불선한 상태가 일어나지 않도록 하는 노력
- 마음에 이미 일어난 불선한 상태를 버리려는 노력
- 마음에 아직 일어나지 않은 선한 상태를 일으키려는 노력

- 마음에 이미 일어난 선한 상태를 유지하고 완전하게 만들려는 노력

여기서 불선한 상태는 아직 행동으로 나타나지 않았거나 또는 마음속에만 있는 번뇌 그리고 번뇌에서 비롯된 생각, 의도, 감정이다. 선한 상태란 번뇌로 오염되어 있지 않은 마음의 상태를 말한다.

붓다는 명상을 통한 마음의 계발이란 측면에서 번뇌를 다섯 가지 장애로 언급하였다. 그것은 감각적 욕망, 악의, 둔감과 졸림, 들뜸과 걱정 그리고 의심이다. 이들이 우리 마음의 고요함과 통찰을 막아버리기 때문에 장애가 된다고 하였다. 여기서 감각적 욕망은 감각적 쾌락에 대한 욕망과 부, 지위, 권력, 명예 등 모든 형태의 갈애를 포함한다. 이에 대처하는 요법으로는 무상(無常)에 대한 명상이다.

악의는 다른 사람에 대한 미움, 노여움, 원망 등을 말한다. 이에 대한 치유는 자애명상이다. 둔감과 졸림은 마음의 굼뜸으로 나타나는 둔감과 정신적으로 깔아지는 졸림이다. 둔감과 졸림을 물리치는 방법으로 권유되는 것은 걷기 명상이다. 들뜸은 마음이 교란되어 흥분한 상태이고

걱정은 불안해하는 마음이다. 흥분과 불안한 마음의 치유책은 호흡 알아차림 명상이다. 의심은 우유부단함으로 과단성이 없는 마음이다. 이것에 대한 대책은 상세한 검토이다. 즉 의심이 가는 모호한 점들을 상세하게 검토하여 의심을 없애는 것이다.

그리고 붓다는 이와 같은 다섯 가지 장애가 일어나지 않도록 동결시키는 최상의 방법으로 알아차림(awareness) 명상을 강조하였다. 이들 장애들에 명료한 알아차림의 빛을 비추어 마음이 개념화로 생기는 관념들로 윤색되지 못하게 하면서, 다만 대상을 있는 그대로 파악하고 이해하는 방향으로 나아갈 수 있게 해야 한다고 강조하였다.

정념(Right Awareness)

붓다는 사물에 관한 궁극적 진실인 법, 즉 담마(Dhamma)를 직접 볼 수 있다고 하였다. 담마는 우리가 알 수 없는 신비로운 것이 아니고 우리가 경험할 수 있는 진실이라고 하였다. 따라서 진실을 알기 위해서는 먼저 자신의 경험을 이해하고, 그 경험을 꿰뚫어 보아야 한다. 그렇게 하기 위해서는 다른 어떤 매개 없이 진실 그 자체를 직접 대면하여야 하고 이를 통찰하여야 한다. 왜냐하면 우리가 인식하는 대상은 우리의 마음에 의지하여 존재하기 때문이다. 때문에 명상에서는 중간의 매개체가 없는 직접적인 경험을 통한 직관으로 얻는 맨주의 통찰을 중히 여긴다.

경험의 영역에 초점을 맞추어 경험을 통찰할 수 있도록 하는 기능을 팔리어로 사띠(sati)라 하고 우리말로 알아차림(awareness) 또는 마음챙김(mindfulness)이라고 번역한다고 앞서 언급하였다. 물론 여기서 사용하는 알아차림은 우리가 일상에서 사용하는 의식 양태로서의 앎과는 구별된다. 의식이 대상을 경험하는 그 순간에 앎이 작용하고 있는 것은 사실이다. 앎이 없다면 인식 작용이 불가능할 것이다. 그러나 명상 수행에서의 알아차림은 보통의 인지 과정의 앎과는 다르다.

그것은 '맨주의(bare attention)' 수준의 앎이다. 맨주의 알아차림이란 우리의 경험을 인식할 때 사전적 인지 과정 없이 실상을 있는 그대로 적나라하게, 정확하게 그리고 초연하게 계속 지켜보는 행위를 말한다. 어떤 개념이라는 도료로 칠해지고, 해석으로 덧칠되기 이전의 대상의 본래 모습을 보는 것을 지향하는 앎이다. 즉 대상을 본래 모습 그대로 진실하게 보는 것이다.

우리는 1장에서 바른 알아차림이 무엇인지를 이해하였고, 2장에서 바른 알아차림을 위한 붓다의 호흡 알아차림 명상을 공부하였다. 네 가지 알아차림의 수행법을 통하여 마음을 고요히 하고 통찰의 길로 나아갈 수 있었다. 붓다는 네 가지 알아차림의 토대가 우리로 하여금 청정을 이루게 하고, 슬픔과 비탄을 극복하게 하고, 고통과 근심을 끝내게 하며, 바른 길에 들어서게 하고 그리하여 열반을 실현시키는 유일한 길이라고 말씀하셨다.

정정(Right Concentration)

바른 집중이란 마음을 한곳을 향하게 하는 의식 상태이다. 즉 바른 삼매이다. 그리고 이러한 의식 상태는 반드시 선(善)한 의식의 상태를 수반해야 하며 나아가 집중의 강화로 순수 알아차림의 수준에 도달할 수 있는 집중이어야 한다. 보통 바른 집중을 위해서는 먼저 마음이 편안하고 고요한 상태를 유지해야 한다. 마음이 산만한 상태에서는 집중이 불가능하다. 집중이 되지 않는 마음을 산만한 마음이라고 하며 이는 미혹에 빠진 마음이다. 그다음에는 집중하여야 할 대상에 부단히 맨주의 알아차림을 기울이는 행위가 있어야 한다. 계속적인 맨주의 알아차림이 필요하다.

바른 집중은 단계적으로 계발될 수 있다. 먼저 조용한 수행처에서 올바른 자세를 취한다. 다음에는 마음을 안정시킨다. 호흡과 숫자 세기로 마음을 안정시킨다. 마음이 안정되면 다음 단계는 접지화이다. 접지화로 주의를 한곳에 붙들어 놓은 후 안식화의 단계에 진입하여 열린 알아차림의 명상으로 통찰의 길로 나아간다. 마지막에 대상이 사라지고 알아차림만 남는 순수 알아차림 상태에 도달한다. 순수 알아차림 상태에서의 유연한 집중은 삼매를 불러온다. 심일경성(心一境性)의 삼매에 들어간다. 이렇게 수행하는 것이 바른 집중이다.

문명이 발달하여 오늘날과 같이 복잡한 삶 속에서 살고 있는 현대인이 만약 명상적인 삶을 살고자 한다면 그는 반드시 붓다가 제시한 팔정도의 길을 따라가는 삶을 기본으로 하여 살아가야 한다. 이 길은 깨달음을 얻은 성인 붓다가 제시한 길이기 때문이다.

7장

알아차림 확립을 위한
현대인의 지혜로운 삶

　현대를 사는 우리들이 명상적인 삶을 살 수 있는 알아
차림을 확립하기 위해서는 어떻게 살아야 할까? 그것은
성인 붓다가 제시한 팔정도의 길을 현대 사회의 삶에 올
바르게 실천하는 삶일 것이다. 붓다가 제시한 팔정도의 삶
을 현대인의 삶에 알맞게 적용할 수 있는 6개의 삶을 여기
에 제시한다. 그것은 단순한 삶, 지금 여기의 삶, 상호 연
결의 삶, 자비로운 삶, 청정한 삶 그리고 무심의 삶이다.
이렇게 살아가면서 명상 수행을 즐기면 맨주의 알아차림
이라는 통찰의 길에 용이하게 들어설 수 있고, 나아가 통
찰을 통하여 지혜를 쌓을 수 있고, 종국에는 큰 깨달음을
얻어 마음의 자유를 찾아 평화롭고 행복한 삶을 누릴 수
있다.

단순한 삶

명상적 삶을 즐기려는 수행자는 단순한 삶을 살도록 노력해야 한다. 왜냐하면 단순한 삶이 우리의 마음을 고요하게 하고, 통찰을 용이하게 하고, 나아가 지혜를 얻을 수 있게 하기 때문이다.

어떤 삶이 단순한 삶(simple living)일까? 밴저민 프랭클린(Benjamin Franklin)과 같이 검약을 실천하여 경제적으로 분별 있게 살아가는 삶일까? 적게 소유하고 간소하게 사는 즐거움을 설파한 시노페의 현인 디오게네스(Diogenes)의 삶과 같이 살아가는 삶일까? 헨리 데이비드 소로(Henry David Thoreau)와 같이 자연 친화적으로 자연과 더불어 살아가는 삶일까? 아니면 단순한 쾌락을 옹호한 고대의 철학자 에피쿠로스(Epikouros)와 같이 소박하지만 건강한 음식, 보람을 느끼는 일, 자연을 감상하며 벗들과 우정을 나누며 살아가는 삶일까? 종교인들이 주장하는 바와 같이 금욕주의(asceticism)를 실천하는 삶일까? 아니면 규율에 잘 따르는 삶을 사는 것일까?

이들과 같이 단순하고 소박한 삶을 주장하고 그 삶을 살아간 당대 선인들의 말씀과 삶 그 자체는 오늘을 사는 우리에게 단순한 삶이 무엇인지 많은 교훈을 주고 있고 또 단순하게 살지 못하고 있는 현대인들에게 큰 경종을 울리고 있다.

그러나 오늘날과 같이 복잡한 문명사회에서 살고 있는 우리 인간들은 앞서 언급한 선인들이 주장한 바와 같이 단순하게 산다는 것은 거의 불가능한 일이라고 생각할 수도 있다. 광범위한 인간관계의 네트워크와 치열한 경쟁사회의 틈바구니에서 살고 있는 우리들은 살아남아야 한다는 강박에 시달리고 있을 뿐만 아니라 자신의 미래를 보장받기 위해서는 최소한의 자산 축적이 필요하다고 믿고 있는 상황에서 그렇게 생각할 수도 있다. 우리 현대인들은 버둥거리는 삶의 복잡한 상황 속에서 단순한 삶이 자신을 경쟁의 낙오자로 만들고 인생의 패배자로 만들 것이라는 기우를 할 수도 있을 것이다.

그러나 자본주의가 고도로 발전하고 황금(돈)이 신(God)의 자리를 꿰차고 있다고 하는 최고의 경쟁사회인 미국에서 고요함 속에서 통찰을 즐기는 명상이 들불처럼 번지고 있는 이 현실을 어떻게 설명하고 받아들일 수 있을 것인가?

구가야 아키라(Akira Kugaya)는 명상이야말로 극심한 경쟁사회 속에서 번아웃 증후군(burnout syndrome)[1]에 시달리고 있는 현대인에게 최고의 휴식을 제공하고 있다고 주장한다. 그는 알아차림 명상이 복잡한 경쟁사회인 미국인의 삶에서 최고의 휴식으로 자리 잡았다고 주장한다. 그리고 알아차림이라는 명상이 과학적으로 올바른 뇌 휴식법이라고 주장한다. 알아차림 명상이 뇌와 마음을 쉬게 하는 최고의 휴식으로 그 역할을 하고 있다고 한다.[2]

명상으로 인한 뇌와 마음의 휴식이 휴식 이후의 다음 단계에서 우리를 더욱 활력 있게 하며, 우리를 더욱 지혜롭게 살아가도록 한다는 주장이 오늘날 주지의 사실로 확인되고 있다. 구글, 페이스북, 애플, 시스코, 파타고니아, 애트나 등 세계 유수한 기업들이 생산성 제고를 위해 직원들에게 명상 교육과 연수를 실행하고 있는 현실과 명상이 이미 미국 사회에서 확고하게 자리 잡고 있음에 비추어 보면 뇌와 마음에 대한 명상의 효과는 이미 입증되었다고 말할 수 있다. 만약 그렇다면 번아웃증후군에 시달리고 있는 현대인들은 반드시 명상을 즐기는 삶으로 생활의 활력을 되찾고 지혜를 얻는 삶을 살아감으로써 인간답게 살아갈 수 있다고 주장할 수 있다.

오늘과 같은 복잡한 현대사회에서 어떻게 사는 삶이 단순한 삶이라고 할 수 있을까? 외양적으로 복잡하고 화려한 삶을 부정하는 것일까? 오늘을 사는 우리들은 문명의 발전에 따라 옛사람보다 더욱 복잡한 삶을 사는 것이 사실이다. 편리하지만 복잡한 각종 기기의 사용, 인간 간의 네트워크 확대 그리고 경쟁의 심화 등은 이러한 현실을 증명하고 있다. 그러나 복잡한 문명 속에서도 삶은 더욱 편리하게 그리고 윤택하게 전개되고 있음도 익히 알고 있다. 때문에 여기서 우리는 삶 자체를 외양적 혹은 표면적으로 단순하냐? 복잡하냐? 소박하냐? 화려하냐? 하는 식으로 단순 비교하는 것은 문제의 본질에 접근하는 태도가 아니고, 다만 상대적으로 접근하고 있는 방식임을 이해할 수 있다.

벤저민 프랭클린은 '단순함에 관하여(On Simplicity)'라는 글에서, 말과 행동에 있어서 인위적으로 꾸미지 않는 모습을 단순함으로 규정하고 그러한 삶을 칭송했다. 그는 단순함의 미덕이 삶 자체에서 비롯된다고 믿었다.[3]

명상적 관점에서 삶을 단순하게 산다는 것은 우리의 외면보다는 오히려 내면에 방점이 주어져야 한다. 우리의 내면이 먼저 단순해야 한다는 관점이다. 내면이 단순한 사람이 사는 삶이 단순한 삶이라는 것이다. 내면이 단순하다는 것은 무엇을 의미하느냐? 우리의 내면 즉 마음이 진심(眞心) 상태에 있을 때 내면이 단순해질 수 있음을 알아야 한다. 가심(假心) 즉 마음이 거짓 상태에 있을 때는 단순한 삶 속에 있는 것이 아니다. 우리가 항상 진심으로 삶을 살고 있을 때 그 삶은 단순하다.

항상 진심으로 살아가는 사람은 단순한 삶을 살고 있다고 말할 수 있다. 참 마음으로 살아가는 사람에게는 거짓이라는 잡동사니가 끼어들 틈이 없기 때문에 복잡하지 않고 단순하다. 그리고 현란한 거짓의 속임수가 발붙일 수 없기 때문에 화려하지 않고 단순하다. 항상 진심으로 살고 있는 당신은 진정으로 당신이 원하는 삶을 단순하게 살고 있다. 거짓은 늘 계교를 수반하기 때문에 복잡하고 현란하다. 그리고 변명거리를 궁리하기 때문에 복잡하고 구질구질하다. 따라서 지금 당신의 삶이 진심의 삶인지 아니면 거짓의 삶인지를 성찰해 보면 당신이 단순한 삶을 살고 있는지 그렇지 않은지를 명확히 알 수 있다. 인위적으로 꾸미지 않는 삶 자체로부터 드러나는 아름다움, 그것이 단순한 삶의 미덕이다.

샤를 와그너(Charles Wagner)는 "인간은 자신이 원하는 존재방식에 가장 큰 관심을 기울일 때, 아주 솔직하게 그저 한 인간이고 싶을 때 가장 단순하다."⁴라고 하였다. 자신의 내면이 원하는 삶 자체에 관심을 갖고 그것을 추구하며 솔직하게 한 인간으로 삶을 살아갈 때에 그는 단순한 삶을 살고 있는 것이다. 그는 화려한 생각의 유희 속에서 권력과 자본을 탐하며 허장성세로 살기보다 오직 한 인간으로 자신의 삶을 살아간다. 복잡한 거짓의 유희 속에서 변명하며 살기보다 그리고 현란한 말의 성찬 속에서 거짓된 삶을 살아가기보다 진심이 깃든, 단순하고 소박하고 구체적인 행동으로 살아간다. 그는 탐욕으로 찌든 오염된 번뇌 속에서 살기보다 이 순간의 참 기쁨으로 살아간다. 그는 진심으로 단순하고 소박한 삶을 즐기고 있는 한 사람의 현자이다.

일찍이 장자(莊子)는 "삶의 의미를 깨달은 사람은 무익하고 헛된 것을 위해서는 더 이상 수고하지 않는다."라고 하였다.

지금 여기의 삶

우리의 삶은 지금 여기에 있다. 우리는 지금 이곳에서 살고 있다. 우리는 현재의 이 순간에 살고 있고 이곳이라는 장소에서 살고 있다. 우리의 행복도 불행도 지금 이 순간 여기에서 벌어지고 있는 일들임을 알아야 한다. 때문에 이 순간이야말로 나의 삶의 모든 시간이요 여기야말로 나의 삶의 모든 장소이다. 지금 여기의 삶이 나의 삶의 모든 것이다.

우리 시대의 영적 스승인 에크하르트 톨레(Eckhart Tolle)는 지금 이 순간을 살아라(The Power of Now)[5] 하고 가르친다. 지금 이 순간의 삶이 우리의 삶의 전부라고 가르친다. 지금 이 순간만이 유일하게 존재하기 때문이다. 지금만이 존재하는 모든 것이기 때문이다. 따라서 삶은 지금이고 여기이다. 지금이 아닌 삶은 결코 존재한 적이 없으며 앞으로도 결코 존재할 수 없을 것이다. 우리는 지금 여기에서 존재하며 살고 있다. 우리의 현존은 언제나 지금 여기이다.

당신은 '지금' 그리고 '여기'가 아닌 곳에서 일어나는 어떤 것을 생각하거나 느껴보거나 경험한 적이 있습니까? 그런 일이 과연 있을 수 있을까요? '지금' 그리고 '여기'가 아닌 곳에서 무슨 일이 일어날 수 있을까요? 대답은 너무도 분명합니다.[6]

절대로 있을 수 없다. 그럼에도 불구하고 우리들은 현재를 망각하고 과거에 있었던 어떤 일에 대한 회한 속에서 헤매는 삶을 사는 경우가 있다. 과거에 묶여 지나간 과거의 잘못을 후회하고 그 일에 매몰되어 그 일을 반추하며 불행하게 강박적으로 살고 있는 경우가 있다. 기억과 상상의 흔적을 재가동시켜 과거의 행위를 '지금'의 것으로 만들어 지금 불행하게 살고 있는 경우가 있다. 왜 그렇게 사는가? 과거에 연연하여 후회하면서 우울한 삶을 사는 당신의 그런 삶은 진실한 삶이 아니고 거짓의 삶이며 불행한 삶이다. 왜 오늘 지금 이 순간에 살지 않고 과거에 파묻혀 살고 있는가? 어리석게도!

우리들은 내일의 삶에 대한 걱정으로 불안해하며 사는 경우가 있다. 미래를 생각하여 걱정하며 두려움 속에서 사는 경우가 있다. 왜 그렇게 사는가? 내일이라는 미래는 마음의 투사물에 불과하며 상상 속의 '지금'일 뿐이다. 우리가 미래에 대해 생각할 때도 우리는 지금 그것을 생각하고 있다. 그 걱정은 단지 당신의 생각이고 상상일 뿐이다. 생각과 상상에 파묻혀 왜 두려움에 떨고 있는가? 너무나 어리석지 않은가?

과거와 미래는 그 자체로는 분명 실재하지 않는다. 과거와 미래는 다만 현재의 생각과 상상 속에서만 존재할 뿐이다. 따라서 지금 존재하는 것은 현재가 전부이다. 내일의 삶이 걱정되면 미래를 대비하여 지금 그냥 준비하면 된다. 왜 준비하지 않고 걱정하고 두려워하며 떨고 있는가? 과거에 대한 회한으로 그리고 내일에 대한 두려움 속에서 살아가고 있는 당신은 지금 이 순간을 낭비하고 있는 어리석은 사람이다. 왜 그렇게 살고 있는가? 어리석게도.

'지금 그리고 여기'에서 존재하는 삶, 오늘을 치열하게 살아가는 삶, 오늘의 삶 속에서 울고 웃고, 행복하고 불행하고, 오늘 속에서 살고 죽는 우리는 예리한 칼날 위를 걸어가듯 지금 여기에 무게의 중심을 잡고 내 삶을 균형 있게 만들면서 살아가야 한다. 우리의 삶은 지금 여기에 있음을 깨달아야 한다. 오직 지금만이 온전한 나의 삶일 뿐이다. 지금을 그리고 여기를 낭비하지 말아야 한다.

상호 연결의 삶

구름이 없으면 비가 없다. 비가 없으면 나무가 자랄 수 없다. 나무가 없으면 종이를 만들 수 없다. 따라서 구름은 종이가 존재하는 데 필수불가결하다. 구름이 여기 없으면 종이도 여기 있을 수 없다. 그렇기 때문에 구름과 종이는 '연결되어 있다'고 말할 수 있다.[7]

틱낫한은 계속 말한다. 햇빛이 없으면 나무가 자랄 수 없다. 종이와 햇빛은 서로 연결되어 있다. 나무를 베는 벌목꾼도 중요하다. 벌목꾼이 없다면 종이가 있을 수 없다. 그 벌목꾼이 생존할 수 있게 하는 빵도 중요하다. 벌목꾼의 아버지 어머니가 없었다면 그 벌목꾼도 없었을 것이다.

심지어 우리의 지각하는 마음이 없다면 그 나무로 종이를 어떻게 만들어 낼 수 있었을 것인가? 우리가 만들고 가꾸어온 문명이 아니라면 이 종이는 존재할 수 없다. 종이를 만드는 기술은 인간의 문명이 만들어 낸 산물이다. 이와 같이 종이는 종이 아닌 요소들로 이루어진 결과물이다. 종이 한 장에도 우주의 모든 것이 개입되어 있다고 말할 수 있다. 이와 같이 우주의 모든 것은 서로 연결되어 있다.

우리 인간들은 지금 어떻게 살고 있는가? 공기가 없으면 숨을 쉴 수 없다. 물이 없다면 생명을 유지할 수 없다. 식품이 없다면 나는 존재할 수 없다. 아버지 어머니가 없었다면 나의 존재는 원래부터 없다. 나라는 존재는 나를 둘러싸고 있는 수많은 존재들에 의해 생명을 유지하고 있다. 생명 현상은 상호 연결의 삶의 결정체이다.

생물학에서 생명 시스템의 특성은 다른 생명체들에 의해 형성되는 환경과의 관계에서 이해된다. 화학에서 원소의 속성이란 다른 원소들과 상호작용하는 방식이다. 경제학에서는 경제적 관계에 대해 이야기한다. 심리학에서 개인의 성격은 관계적 맥락 속에서 존재한다. 이러한 경우들과 그 밖의 많은 경우에서 우리는 사물을 다른 사물과의 관계 속에서 이해한다.[8]

우리는 이와 같이 수많은 존재들과 상호 연결되어 있다. 우리의 삶은 상호 연결에 의해 유지되고 있다. 우리는 상호 연결의 존재(interbeing)임이 너무나 분명하다. 따라서 우리는 사람이거나 자연이거나 간에 상호 연결되어 있는 존재임을 인식하고 그러한 삶을 살아갈 때 우리의 본질에 합당한 삶을 살고 있는 것이다. 내가 누구인가 하는 나의 존재성은 나의 내면성(within-ness)과 더불어 나의 관계성 (between-ness)에서 찾을 수 있는 것이 만고의 진리이다.

이와 같은 세계관은 붓다의 연기사상으로부터 시작 되었지만 이를 계승하여 크게 발전시킨 이는 2~3세기경 에 인도에서 살았던 나가르주나(龍樹, Nagarjuna)이다. 그는 저서 『중론(中論)』에서 다른 어떤 것과 무관하게 그 자체 로 존재하는 것은 없다고 주장하였다. 이러한 주장은 곧 오늘날의 양자역학과 공명하고 있다. 아무것도 그 자체로 존재할 수 없다고 한다면, 모든 것은 다른 것에 의존하고 다른 것과의 관계에서만 존재한다.

나가르주나는 다른 것과 독립된 실체가 존재할 수 없 다는 것을 설명하기 위해 '공(空, sunyata)'이라는 개념을 사 용했다. 세상에 존재하는 모든 것은 자립적인 존재가 아니 라, 다른 어떤 것 덕분에, 다른 어떤 것의 결과로서, 다른 어떤 것과 관련하여, 다른 어떤 것의 관점에서 존재한다는 의미에서 '공, 즉 비어 있다'는 것이다.[9]

'나(我)'라고 하는 존재도 나를 구성하는 광대하고 서 로 연결된 존재와 현상들의 집합일 뿐이며, 각각의 요소 는 다른 것에 의존하고 있다고 주장하는 사상은 궁극적 실재, 즉 본질이 비었음을 의미한다. 우리가 살고 있는 세계는 상호의존성이 지배하는 상대적인 세계이지 절대적인 세계가 아니다. 우리 모두는 독립적인 실체로 존재하는 것 같이 보이지만 실제로는 상호의존적으로 존재한다는 사실을 깨달음으로써 삶의 집착과 고통에서 벗어날 수 있다.

로버트 액설로드(Robert Axelrod)와 윌리엄 해밀턴(William Hamilton)은 「생명계에서의 협력의 진화」라는 글에서 진화에 있어서 각 개체의 서로 협력하는 행위가 서로 배반하는 행위보다 더 큰 효익을 줄 수 있음을 논증하였다.[10] 이는 상호연결의 존재인 우리 인간들의 호혜주의에 입각한 협력이 생물계 안에 존재하는 우리 인간 사회에서도 진화할 수 있다는 조건을 확립해준 것이라고 볼 수 있다.

자비로운 삶

자비(慈悲)는 '자'와 '비'의 합성어이다. 자(慈)는 사랑으로 뭇 사람들에게 즐거움을 주는 자애(慈愛, loving-kindness)를 말하고, 비(悲)는 자신과 타인의 고통이 그치기를 바라는 연민(憐愍, compassion)을 의미한다. 자비의 삶이란 결국 자애로운 삶이고 연민의 삶이다. 나와 이웃과 뭇 생명의 행복을 원하고, 그들이 고통에서 허덕이지 않기를 바라는 마음으로 살아가는 삶이 자비의 삶이다.

어떻게 하면 자비롭게 살 수 있을까? 먼저 해야 할 일은 명상 수행으로 모든 생명체가 평등하다는 사실을 깨닫는 것이다. 명상 수행을 통하여 '내가 행복을 원하고 고통을 바라지 않는 것과 똑같이, 다른 사람도 행복을 원하고 고통을 바라지 않는다'는 사실을 궁구해야 한다. 모든 생명체가 고통을 원하지 않고 행복을 바란다는 것을 깨달아야 한다. 이러한 평등심의 마음이 자비로운 마음이고 평등심으로 차별 없이 살아가는 삶이 자비로운 삶이다.

일찍이 찬드라키르티(Chandrakirti)[11]는 영적 수행에서 자비가 가장 중요하다고 다음과 같이 찬탄하였다.

"모든 생명의 고통을 가엾게 여기는 비심(悲心)은 그 자체로 모든 생명을 기르는 물과 같고 영원한 복락이 가득 찬 것으로서 붓다의 지혜를 풍성하게 거두는 씨앗이 됩니다. 그러므로 나는 가장 먼저 자비에 귀의합니다."[12]

그는 자비는 보살들이 중생을 제도하기 위해 닦는 수행의 근본이기 때문에 씨앗이라고 하였다. 그는 깨달음의 원인이 자비라고 찬탄하면서 자비의 결과라고 할 수 있는 붓다를 함께 찬탄하였다.

그는 3가지의 자비에 경의를 표했다. 첫 번째는 고통받는 존재들을 보살피는 자비이다. 모든 생명이 고통과 고통의 원인에서 자유로워지기를 바라는 마음의 자비이다. 이러한 자비심을 기르기 위해 우물에 걸린 낡은 두레박을 명상하라고 하였다. 두레박이 도르래에 묶여 있는 것처럼 인간들은 욕망과 증오, 무지에 의해 지은 과거의 업에 묶여 있다는 사실을 깊이 들여다보라고 하였다.

두 번째는 무상한 존재들을 살피는 자비이다. 그는 물결이 이는 호수에 떠 있는 달을 관조하라고 하였다. 우리 인간들은 마치 물결치는 호수에 떠 있는 달처럼 무상하게 윤회하는 덧없는 존재들이므로 이들을 위한 자비에 귀의하라고 하였다.

세 번째는 공한 존재를 살펴보는 자비이다. 그는 고요한 호수에 비친 달을 명상하라고 하였다. 물결이 없는 고요한 호수에 비친 달과 같이 모든 생명들은 공이라는 본래 모습에 따라 존재하며, 그들 자체로 공이며, 자유롭게 존재한다고 하였다. 이들 공한 존재들을 살피는 자비를 말씀하셨다.[13]

생명을 존중하고 사랑하는 자비로운 삶은 고대인이나 현대인을 가리지 않고 공동체를 이루어 살아가고 있는 모든 지구인들에게 필수불가결한 고귀한 삶이다.

청정한 삶

팔정도의 길 하나 하나는 모두 우리들에게 중요한 삶의 길이지만 깨달음을 성취하기 위해서 명상 수행을 하는 수행자들은 명상 수행의 길에서 이를 특별히 유념해야 한다. 내 마음에 있는 번뇌를 소멸시켜나가는 삶을 살면서 마지막 단계에서는 정념과 정정이라는 명상 수행의 길이 매우 중요함을 인식해야 한다. 명상 수행 없이는 번뇌를 완전하게 소멸시킬 수 없기 때문이다.

청정(淸淨)한 삶이란 어떤 삶일까? 더러움에 물들지 않는 깨끗한 삶이다. 온갖 더러움인 번뇌에 오염되어 있는 마음에서 벗어난 삶이다. 번뇌는 우리의 마음을 그리고 우리의 삶을 괴롭히는 욕망, 성냄 그리고 어리석음이다. 그리고 욕망, 성냄, 어리석음이 만들어 내는 생각, 느낌, 감정들이다. 우리를 걱정하게 하고, 우울하게 만들고, 두려움에 떨게 하는 것들이다. 우리를 화나게 하고, 탐욕스럽게 만들고, 시기하게 하고 그리고 오만하게 하는 온갖 잡동사니들이다. 번뇌 그 자체는 우리를 불행하게 하는 온갖 괴로움의 덩어리이다. 따라서 번뇌를 소멸시켜 내 마음을 편안하게 하면서 살아가는 삶이 청정한 삶이다.

어떻게 내 마음에서 일어나는 번뇌를 소멸시킬 수 있을까? 붓다는 우리에게 팔정도를 제시하였다. 정견, 정사유, 정어, 정업, 정명, 정정진, 정념, 정정의 여덟 개의 길을 통하여 윤리적 생활을 하고 정신 수련으로 지혜를 계발하며 나아가 알아차림이라는 명상적 삶으로 지혜를 얻어 삼매에 들어갈 수 있는 삶을 살 때 번뇌는 소멸될 수 있다고 하였다. 여기서 먼저 청정한 삶을 살기 위해서는 우리들의 감정을 다스리는 일이 대단히 중요하다는 사실을 알아야 한다. 감정을 다스리는 전통적 방법을 살펴본다.

감정 번뇌 다스리기[14]

인간의 마음에서 발생하는 번뇌는 수없이 많지만 이들 중 감정으로 인한 번뇌가 우리의 마음을 크게 어지럽히는 번뇌이기에 여기서 이들을 다스리는 방법을 논한다. 감정 번뇌들을 크게 묶어보면 4가지 원형으로 구분할 수 있다.

첫 번째 묶음은 화와 분노이다. 두 번째는 탐욕과 감각적 욕망이다. 세 번째는 질투와 시기이다. 마지막은 자만과 오만이다.

이들 번뇌를 소멸시켜 마음을 정화하려면 어떻게 수행해야 할까? 번뇌의 묶음 4가지 원형 별로 각각 4단계로 수행을 진행하면서 번뇌를 소멸시켜 나가야 한다. 번뇌를 소멸시키는 단계는 다음과 같다.

1단계 : 감정의 고통이 마음을 사로잡는 것을 알아차린다.
2단계 : 감정의 고통을 직접 본다.
3단계 : 감정의 고통을 해독하는 해독제를 계발하고 투여한다.
4단계 : 모든 경험의 한가운데서 안식한다.

화와 분노 다스리기

내 마음에서 발생한 화와 분노를 다스리기 위해서는 먼저 화와 분노에 휩싸인 나의 마음을 알아차려야 한다. 경미한 화는 알아차리는 것만으로도 사라진다. 화가 나고 있다는 것을 알아차리고, 하던 일을 잠시 멈추고 마음에서 화를 부채질하고 있는 생각이나 이미지에 주의를 보내면

화는 사라진다.

화나 분노가 쉽게 사라지지 않고 계속 마음에서 버티면 다음 단계는 화난 마음을 직접 본다. 화와 분노에 찬 마음을 초연하게 객관적으로 직접 보면 대개의 경우 화나 분노가 사라진다. 지금까지 자신을 사로잡았던 화와 분노라는 정신적 드라마는 신기루와 같이 사라진다. 이와 같은 현상을 화와 분노의 공성(空性, emptiness)[15]이라 한다. 그러다 잠시 후에 화가 다시 처음의 모습으로 돌아오기도 한다.

그래도 화나 분노가 사라지지 않으면 화 또는 분노라는 감정적 고통을 해독하는 자애(loving-kindness)라는 해독제를 계발하여 투여한다. 자애란 자신과 타인의 행복과 웰빙을 위한 순수한 염원이다. 이때 당신은 다음과 같이 진심으로 기도한다.

"그와 나의 화와 분노가 모두 사라지고 그와 내가 건강하고 행복해지기를…"
"그와 나의 화와 분노가 모두 사라지고 그와 내가 건강하고 행복해지기를…"
"그와 나의 화와 분노가 모두 사라지고 그와 내가 건강하고 행복해지기를…"

이렇게 계속 기도하면 화와 분노는 모두 사라진다. 우리 모두는 자애를 계발하여 화와 분노에 대해 이렇게 대처할 수 있다. 그리고 나의 몸에서 발생하는 느낌을 알아차린다. 친절한 느낌이 생기면 좋다. 그래도 화나 분노가 사라지지 않으면 마지막 단계인 4단계 수행으로 진입한다.

마지막 수행은 정좌 알아차림 수행을 처음부터 다시 시작한다. 안정화와 접지화를 거쳐 안식화에 이르고 모든 경험의 한가운데서 안식한다. 안식화에서의 알아차림은 심원한 직관적 앎의 상태인 지혜의 조건을 만드는 자연의 연금술이다. 이때 수행의 중요한 부분은 모든 경험의 한가운데서 한 사람의 바보같이 그냥 앉아 쉬는 것이다. 그 바보는 현존하는 모든 것을 인식하고 있지만 자신의 경험에 대해 어떤 선입견을 갖고 있지 않다. 그 바보는 지혜로운 인간의 전형적인 상징이다.

탐욕과 감각적 욕망 다스리기

탐욕과 감각적 욕망이 마음에서 일어나면 어떻게 대처해야 할까? 먼저 욕망과 갈애로 끓고 있는 나의 마음을 알아차린다. 낮은 단계의 욕망은 알아차리는 것만으로 사라진다. 그래도 욕망이 사라지지 않을 경우 욕망의 마음을 직접 본다. 욕망을 직접 보면 대개의 경우 욕망의 정신적 드라마는 사라진다.

그래도 욕망이 사라지지 않으면 욕망에 대한 해독제인 연민(compassion)을 계발하여 투여한다. 연민이란 자신과 타인의 고통이 사라지기를 바라는 염원이다. 이때 다음과 같이 기도한다.

"그와 나의 탐욕이 모두 사라지고 그와 내가 고통에서 해방되기를…"

"그와 나의 탐욕이 모두 사라지고 그와 내가 고통에서 해방되기를…"

"그와 나의 탐욕이 모두 사라지고 그와 내가 고통에서 해방되기를…"

이렇게 계속 기도하면 욕망은 사라진다. 욕망에 대해 이렇게 대처하지만 그래도 욕망이 사라지지 않으면 정좌 알아차림 수행을 처음부터 다시 시작하여 안식화에 이르러 편히 쉰다. 한 사람의 바보와 같이 쉰다.

질투와 시기 다스리기

질투나 시기가 내 마음에서 일어나면 어떻게 대처해야 할까? 이들도 4단계로 대처한다. 먼저 질투와 시기가 사로잡고 있는 나의 마음을 알아차린다. 질투와 시기의 마음과 몸의 느낌을 알아차린다. 그러면 가벼운 질투나 시기는 사라진다. 알아차리는 것만으로 이들이 사라지지 않으면 질투와 시기가 펼치는 내 마음의 드라마를 직접 본다. 그러면 이들 감정은 사라진다. 이러한 드라마가 공이라 할지라도 이들로 인해 생긴 자기수축이 있다. 이때는 주의를 기울여 자기수축을 완화시킨다.

그래도 이들이 사라지지 않으면 공감의 기쁨(sympathetic joy)이라는 해독제를 계발하여 투여한다. 공감의 기쁨은 사무량심[16]의 하나로, 질투와 시기에 대한 해독제이다. 이때 다음과 같이 기도한다.

"당신이 많은 기쁨과 행운을 누리기를!"
"당신이 많은 기쁨과 행운을 누리기를!"
"당신이 많은 기쁨과 행운을 누리기를!"

이 기쁨은 이타적인 기쁨이다. 이 기쁨은 처음에는 잘 생기지 않는다. 당신은 지금 당신이 질투하고 시기하고 있는 사람의 행운을 축복하면서 같이 기쁨을 누리기를 원하는 진언(mantra)을 읊고 있다. 이는 쉬운 일이 아니다. 불가능할 수도 있다. 그렇기 때문에 명상 수행에서 이를 계발하는 훈련이 따로 필요하다. 질투와 시기에 내재해 있는 진실을 드러나게 해야 한다. 그 진실은 나의 마음이 질투하고 시기하고 있다는 것이다. 나의 마음이 질투와 시기라는 파괴적 감정에 묶여 있다. 내가 질투하고 시기하고 있는 그 사람의 안녕과 행운을 바라는 순간은 내가 질투와 시기라는 감정에서 벗어나는 순간이다. 이렇게 나는 질투와 시기라는 독선에서 해방될 수 있다. 그러면 나는 안식을 누릴 수 있다.

그래도 질투와 시기 그리고 미움이라는 감정이 사라지지 않으면 정좌 알아차림 수행을 처음부터 다시 시작한다. 안정화를 거치고 접지화를 지나 안식화에서 편히 쉰다.

자만과 오만 다스리기

마지막은 자만과 오만이라는 감정에 대한 다스림이다.

일상에서 우리가 갖는 자신감은 좋은 일이다. 자신감이 우리가 하고 있는 일을 수행하는 데 활력을 제공할 수 있기 때문이다. 그러나 이와 같은 자신감이 자만(pride) 혹은 오만(arrogance)의 형태를 띠면 파괴적 감정으로 작동한다. 자만과 오만의 밑바닥에는 자신이 아직 충분하지 않고 만족스럽지 않다는 깊이 뿌리박힌 불안한 심리와 두려움의 심리가 있다. 자만과 오만은 이들 느낌을 감추는 보상심리의 기제이다.

자만과 오만이 생기면 어떻게 처방해서 이들을 처리해야 할까? 당신이 자만이나 오만의 힘으로 말하거나 행동할 때 먼저 당신은 이러한 말이나 행동을 알아차리도록 노력해야 한다. 자신이 자만 상태에 있음을 알아차리고 이를 느껴야 한다. 그러면 경미한 자만이나 오만은 사라진다. 그래도 이들이 사라지지 않으면 이들을 직접 본다. 자만과 오만은 우리 스스로가 만든 하나의 유령임을 알 수 있다. 이들은 우리가 만든 현상에 투사한 공이다.

자만이나 오만을 알아차리고 다음에 직접 보는 행위를 함에도 불구하고 이들이 사라지지 않으면 평정심(equanimity)이라는 해독제를 계발하여 투여한다. 평정심이란 모든 살아 있는 존재들을 평등하게 대하고 그들과 연대감을 갖는 마음이다. 이 우주에 존재하는 모든 생물의 생명은 우열이 있을 수 없으므로 그들에 대한 대응은 모든 존재를 동등하게 대하는 것이다. 평정심을 계발할 때는 다음과 같이 조용히 읊조린다.

"당신도 나와 같이 안전하고 사랑받고 행복하기를!"
"당신도 나와 같이 안전하고 사랑받고 행복하기를!"
"당신도 나와 같이 안전하고 사랑받고 행복하기를!"

그리고 당신은 자만이 사라지거나 사라지지 않거나 간에 모든 것을 내려놓고 안식한다.

용서

특히 자비로운 삶과 청정한 삶을 살고자 하는 사람은 과거의 인간관계로 인하여 사로잡혀 있었던 원한의 마음을 내려놓고 살아가야한다. 과거에 일어났던 사건이나 상처로 인하여 생겼던 응어리진 마음의 독을 품고 살아가지 않아야 한다.

분노를 지닌 채 살아가는 삶은 괴로운 삶이다. 많은 사람이 스스로 지닌 증오심과 복수심 때문에 괴로워한다.

누군가를 미워하고 증오하는 것은 내가 나를 아프게 하고 병들게 하고 늙게 하는 행위이다. 면역력을 떨어뜨리고 텔로미어(telomere)[17] 길이를 짧게 하는 일이다. 분노를 지니고 사는 것은 불(火)을 가슴속에 품고 사는 것이나 마찬가지다. 분노는 내 속을 태운다. 내가 괴롭다. 그것이 화병이다. 화병은 용서하지 못하고 타인의 잘못에 집착하는 사람에게 찾아오는 병이다. 분노를 품고 살아가는 것은 잘못은 상대방이 저질렀음에도 불구하고 내가 나를 지속적으로 벌을 주는 행위이다.[18]

그러므로 용서(容恕, forgiveness)라는 해독제를 사용하여 가슴속의 분노를 반드시 해소해야 한다. 만약 용서하지 않고 산다면 자신의 번뇌를 자신이 계속 짊어지고 살아가야 하기 때문에 자신만이 괴로울 뿐이다. 용서라는 기제를 사용하여 그 짐을 벗어버리고 자신의 마음을 자유롭게 하면서 평화롭게 편히 살아가야 한다.

용서에는 두 가지 유형이 있다. 하나는 스스로 결단을 내려서 나의 행동을 통제하는 결단적(decisional) 용서이고, 다른 하나는 상황에 대한 인지·동기·감정 상태 등을 바꿔나가는 감정적(emotional) 용서다. 효과 측면에서는 감정적 용서가 더 좋지만 실제로 용서를 해나가는 과정에서는 결단적 용서로 시작하는 것이 더 쉽다. 상대방의 동의를 구하거나 양해를 얻거나 정서적 지지를 추구하면서 조건이나 단서를 다는 용서보다는 스스로 결단을 내려서 과거에 얽매인 나의 집착을 단번에 끊어내는 것이 보다 쉽게 용서할 수 있는 방법이다. 용서는 내가 나를 위해서 하는 것이다. 상대방의 반응에 따라 달라질 필요는 없다.[19] 나에게 큰 상처를 준 사람을 용서할 수 있는 사람은 소인일 수 없다. 그는 이미 대인이다.

번뇌가 사라진 마음이 청정한 마음이고 청정한 마음으로 살아가는 삶이 청정한 삶이다. 감정으로 생긴 찌꺼기들을 흘려보내고 소멸시킬 수 있는 삶을 살 수 있는 사람, 그는 청정한 삶을 사는 사람이다.

무심의 삶

명상 수행을 하면서 단순한 삶, 지금 여기의 삶, 상호 연결의 삶, 자비로운 삶 그리고 청정한 삶을 살아간다면 그는 이미 무심(無心)의 경지에 들 자격을 갖추고 있는 사람이다. 그가 명상 수행을 통하여, 정좌 알아차림 명상의 안식화의 단계에서 순수 알아차림을 확인하게 되면 그는 무심의 상태에 이를 수 있다. 무심이란 인간의 마음에 어떤 번뇌도 드러나지 않는 상태의 마음이다.

그런데 인간의 마음으로 드러나는 의식은 그 본질상 자기 현현(self-manifesting)이고, 자기 드러남(self-revealing)이다. 즉 서양 철학자들이 의식의 이런 모습을 반영성(reflexivity)이라고 부르는 그것이다.[20] 그런데 우리의 의식이란 생각, 기억, 상상 혹은 이미지 등을 반영하는 마음으로 드러나기 때문에 의식이 나타나는 순간 우리의 마음에는 이들이 드러날 수밖에 없다. 따라서 우리는 일상에서 쉽게 무심(no mind)할 수가 없다. 무심하다는 것은 생각, 기억, 상상 그리고 이미지 등이 마음에 나타나지 않는다는 뜻인데 명상으로 순수 알아차림의 경지에 이르지 않고서는 무심한 상태에 쉽게 도달할 수 없다.

무심이란 지금 이 순간의 마음에 번뇌가 없는 청정한 순수자각의 상태의 마음을 의미한다. 순수한 알아차림의 상태를 말한다. 이러한 상태는 명상에서 순수 알아차림의 순간에 드러난다. 이 순수 알아차림의 순간의 상태에 드러나는 마음을 불교에서는 불성(Buddha Nature)이라 부르고, 인도의 베단타(Advaita)학파[21]에서는 자아(Self)라 하고, 기독

교에서는 그리스도 의식(Christ Consciousness)이라고 부르는 그것이다.[22] 이와 같은 의식 상태는 4장에서 고찰한 바와 같이 수행을 통하여 얻을 수 있는 순수 자각의 의식 상태이다. 때문에 명상적 수행을 통하여 순수 알아차림에 도달하지 못하면 무심을 얻을 수 없다.

숭산 선사와 무심

숭산(崇山)[23]은 한국이 낳은 위대한 선사(禪師)이다. 그가 강설한 무심이란 무엇인지를 살펴보자. 그는 무심 또는 근본 마음자리(本源心)를 '언어 이전의 마음'이라고 하였다. 그는 모든 생각을 끊어 냈을 때의 빈 마음을 무심이라 하였다. 이것은 생각 이전의 마음이다. 생각 이전의 마음은 모두가 똑같은 것이기에 이것이 우리의 본체라고 하였다.[24]

그는 무심을 터득하고 그것을 사용하기 위해 선(禪)을 한다고 하였다. 명상의 목적이 무심을 터득하고 무심을 사용하기 위함이라고 말한 것이다. 그런데 그 무심을 어떻게 얻고 사용할 수 있을까? 무(無)라는 것은 모든 이기적인 생각이 없는 것을 뜻하며, 또한 그 정신을 방해하는 그 어떤 것도 없기에 무심은 중생을 위해 실천하는 정신으로

승화할 수 있는 것이라고 하였다. 그는 이것을 대비심(大悲心)이라고 하였다.[25]

그는 무심을 올바르게 수행하면 생각을 하지 않고도 진실만을 보고 듣고 냄새 맡으며 맛보고 만지게 된다고 하였다. 그렇게 되면 우리의 올바른 상황을 계속해서 지킬 수 있다고 하였다. 이와 같은 상황을 유지하기 위해 그가 제시한 방법은 무엇일까?

오직 모를 뿐!

숭산 선사가 대중들에게 제시한 방법은 '오직 모를 뿐(Only don't Know)!'이라는 마음으로 들어가는 방법이다. 그가 옥중에 있는 로버트라는 그의 신도에게 1978년 7월에 보낸 편지에서 제시한 말씀을 인용한다.

"오직 모를 뿐이란 마음으로 바로 들어가라. 그런 마음은 빈 공간과 같이 깨끗한 것이다. 네가 모든 이기적인 생각을 버리고, 깨달음을 얻어서 모든 중생을 번뇌로부터 제도하기를 바란다."[26]

그리고 선사는 스티브라는 다른 신도에게 보낸 편지에서 다음과 같이 말하였다.

"너는 누구인가? 너는 아는가? 만일 모른다면 '오직

모를 뿐'이라고 말하라. 이렇게 모르는 마음을 가지면 모든 생각을 떨칠 수 있고 나만 생각하는 이기적인 상황이나 상태 그리고 이기적인 주장은 사라질 것이다. … 그다음 단계를 가르쳐주마. 네가 어떤 생각을 하고 있다면 너의 마음과 나의 마음은 다르겠지. 하지만 네가 모든 생각을 떨쳐버린다면 너의 마음과 나의 마음 그리고 모든 사람들의 마음은 모두 똑같아진다. … 너는 '오직 모를 뿐'이란 마음으로 바로 들어가 텅 빈 공간처럼 청정한 마음을 갖기를 바란다."27

숭산 선사 역시 청정한 마음을 무심이라 하였다. 청정한 마음인 무심으로 살아갈 수 있는 사람, 그가 곧 깨달음을 얻은 위대한 인간이다.

오직 모를 뿐!

오늘의 이 시대를 단순한 삶, 지금 여기의 삶, 상호 연결의 삶, 자비로운 삶, 청정한 삶 그리고 무심의 삶으로 살면서 명상적 삶을 즐기는 사람은 종국에는 깨달음을 얻을 수밖에 없다. 깨달음을 얻어 아라한이 된 그가 누리는 행복이 바로 열반(나르바나)이다.

주

1장 알아차림이란 무엇인가?

1 붓다는 깨달음을 얻은 후 45년 동안 가르침을 전하고 반열반(般涅槃)에 들었다. 붓다 입멸 후에 그의 제자 마하깟사빠 존자, 우팔리 존자 그리고 아난다 존자를 중심으로 500여 명의 아라한들이 붓다의 가르침이 왜곡·변질되는 것을 방지하기 위해 마가다국의 라자가하라(왕사성)에 있는 칠엽굴에 모여 스승의 가르침을 결집하였다. 이 결집이 제1차 결집이다. 그들은 결집한 가르침을 구전(口傳)으로 후대에 전하였다. 제2차 결집은 붓다 입멸 후 100년경에 700여 명의 비구들이 바이살리에 모여 진행하였다. 제3차 결집은 붓다 입멸 후 200년경에 1000여 명의 비구가 파탈리푸트라에 모여 경(經)·율(律)·논(論)을 집성하였다. 구전되어 오던 붓다의 가르침은 후대에 팔리(Pali)어로 기록되었고 그 후 산스크리트(Sanskrit)어로 번역되었으며 다시 한문으로 번역되었다. 처음에 팔리어로 기록된 경전을 초기경전이라 한다. 초기경전은 모두 5부의 니까야(Nikaya)로 구성되어 있다. 디가 니까야, 맛지마 니까야, 상윳따 니까야, 앙굿따라 니까야 그리고 쿳다까 니까야이다. 이 경전들을 한문으로 번역한 경전

을 아함경(阿含經)이라 한다.

2   『Satipatthana 깨달음에 이르는 알아차림 명상 수행』, 아날라요 스님
    지음, 이필원 · 강향숙 · 류현정 옮김, 명상상담연구원, 2014, PP.61-
    64.

3   『사띠빳타나 수행』, 우 냐나로까 사야도 법문, 민족사, 2018, PP.41-
    43.

4   『위빠사나 명상』, 헤네폴라 구나라타나 스님 지음, 손혜숙 옮김, 아
    름드리미디어, 2007, PP.186-192.

5   『Satipattana 깨달음에 이르는 알아차림 명상 수행』, 아날라요 스님
    지음, 이필원 · 강향숙 · 류현정 옮김, 명상상담연구원, 2014, PP.68-
    70.

6   『한역으로 읽는 알아차림의 확립 수행』, 아날라요 스님 지음, 윤희
    조 · 이성동 옮김, 민족사, 2021, PP.51-60.

2장 호흡 알아차림 명상

1   『맛지마니까야』, 전재성 역주, 한국빠알리성전협회, 2009, PP.1302-
    1313.

2   『잡아함경』807.

3   『맛지마니까야』, 전재성 역주, 한국빠알리성전협회, 2009, PP.1302-
    1313.

4   삼법인은 불교의 초기경전에 나타나 있는 불교의 원리로 '일체는 무
    상하고, 삶은 괴로운 것이고 그리고 나라는 것은 없다'라는 가르침
    이다. 삼법인은 모든 존재의 특성이기도 하고 인간의 특성이다. 이러
    한 존재의 특성을 깨닫지 못하면 괴로움 속에서 살 수밖에 없다고

붓다는 가르쳤다.

3장 현대의 알아차림 명상

1 *Mindfulness Based Living Course*, Choden and Heather Regan-Addis, O-books, 2018.

2 『마음챙김 명상과 자기치유(상·하)』, 존 카밧진 지음, 장현갑·김교헌·김정호 옮김, 학지사, 2005.

3 마음챙김에 근거한 인지치료(MBCT)는 인지주의와 행동주의를 결합한 심리치료요법으로 정신질환, 생활 습관병, 발달장애등의 증상과 문제행동을 개선하기 위해 적절한 연습을 반복하여 비적응적 행동과 사고 패턴을 계통적으로 변용시키는 행동과학적 치료법이다.

4 *Mindfulness Based Living Course*, Choden and Heather Regan-Addis, O-books, 2018.

5 『마음챙김과 통찰』, 로브 네른·초덴·헤더 리간 아디스 지음, 구치모·김광수·최우영 옮김, 산지니, 2022, PP.17-18.

6 자동조종(autopilot) 모드란 자신이 현재의 순간에 하고 있는 행위를 자각하지 않고 다른 생각을 하면서 그저 그 일을 습관적으로 처리하는 것을 말한다.

7 생각이란 마음속에서 끊임없이 일어나는 생각, 상상, 기억, 느낌, 이미지 등의 자극을 말한다. 생각이 일어나는 순간에 생각은 널찍하고 자유로운 상태이다. 그러나 우리의 마음속에 내재하는 시스템인 자기중심적 선호시스템(egocentric preference system: EPS)이 발생한 생각에 대응하여 그 생각을 확인한다. 이때 생각의 널찍하고 자유로운 상태는 사라진다. 이와 같이 자기중심적 선호시스템이 생각에 개입하여 반응하는 것을 분별이라 한다. 분별의 순간은 융합의

주
187

순간이다. 분별은 위축, 스트레스 그리고 부조화의 느낌을 수반한다. 붓다가 말한 둑카(dukkha) 즉 괴로움이다.

8 열린 알아차림(open awareness)이란 알아차림의 빛을 어떤 고정된 특정 대상에만 비추지 않고 여러 대상들에 비추는 명상이다. 일명 선택 없는 알아차림(choiceless awareness)이라고도 한다.

9 3장의 주 7을 참고하시오.

10 지두 크리슈 나무르티는 인도의 위대한 명상가이며 철학자이다. 1895년에 태어나 1986년에 타계하였다. 그는 '길없는 대지'라는 진리를 선언하였다. 그는 개인의 의식이 변화함으로써 사회가 근본적으로 변화한다고 가르쳤다. 따라서 우리들은 항상 열린 상태로 존재해야 한다고 말씀하셨다.

4장 열린 알아차림 명상

1 철학적 사유에서 세계와 자아를 하나로 보는 것을 일원론(비이원론)이라 하고 이 둘을 분리하여 보는 것을 이원론이라 한다. 주로 동양에서 발전한 일원론은 세계와 자아가 그 근원에서부터 분리될 수 없고 서로 상호작용한다고 주장한다. 그러나 서양의 이원론은 자아와 세계를 각각 독립된 실체로 파악하고 이 둘은 상호작용하지 않는다고 규정한다. 명상 수행은 처음에 알아차림이라는 의식이 대상을 알아차리는 이원론적 관점에서 시작하지만 종국에는 일원론적 관점에서 나와 대상이 하나가 될 수 있을 때 깨달음의 경지에 이를 수 있다고 본다.

2 공(空, empty)은 대승불교의 근본 교의이다. 모든 존재에는 아(我)라는 실체가 없다고 주장한다. 즉 모든 존재는 인연(因緣)에 따라 생

기고 연기(緣起)의 법칙에 의해 존재하기 때문에 어떤 항상 불변하는 자아나 실체는 없다고 한다. 따라서 공이라는 것이다.

대승불교의 시조인 용수(龍樹, 나가르쥬나)의 저서 『중론(中論)』에는 공을 다음과 같이 설명한다. "여러 인(因)과 연(緣)에 의해 생겨나는 존재를 공(空)하다고 나는 말한다. 사물은 여러 인과 연에 귀속되는 것이므로 사물 자체에는 고정된 성품이 없다. 따라서 공(空)하다. 공은 있음(有)과 없음(無)의 양 극단을 벗어나기에 중도(中道)이다."

3 심일경성의 본질은 마음이 대상과 일체화되는 것이다. 심일경성은 마음을 하나의 대상에 집중함으로써 마음속의 번뇌를 태워 없애고, 언어와 개념에 의한 표층을 뚫어 파괴하고, 사물의 실상에 직접 닿는 명상 체험이다. 심일경성, 즉 선정(禪定)만으로는 해탈을 얻을 수 없지만, 선정에 기반을 두고 모든 사물을 있는 그대로 통찰하는 여실지견(如實知見)으로 마음이 향하면 해탈의 문이 열린다.

5장 알아차림 강화를 위한 방법

1 틱낫한 스님은 달라이 라마와 더불어 가장 존경받는 명상 수행자이자 영적 스승이며 평화 운동가이다. 1926년 베트남에서 태어나 열여섯에 출가하였다. 1963년 이후 반전 운동을 펼치면서 비폭력 저항운동에 나섰다. 베트남 정부에 의해 귀국금지 조치를 당한 뒤 1973년 프랑스로 망명하였다. 100권이 넘는 책을 저술하였다. 1982년 프랑스 남부에 명상 공동체인 '플럼빌리지'를 설립한 세계적인 명상가이다. 2018년에 베트남에 영구 귀국하였고 2022년에 타계하였다.

2 『의식이라는 꿈: 뇌에서 의식은 어떻게 만들어지는가』, 대니얼 C. 데닛 지음, 문규민 옮김, 바다출판사, 2024, P.7.

3 위의 책 같은 페이지 참조.

4 『마음챙김과 통찰』, 로브 네른 · 초덴 · 헤더 리간아디스 지음, 구치
모 · 김광수 · 최우영 옮김, 산지니, 2022, PP.123-154.

6장 알아차림 확립을 위한 삶

1 『붓다의 철학』, 이중표 지음, 불광출판사, 2022, PP.287-288.

2 『니까야로 읽는 반야심경』, 이중표 역해, 불광출판사, 2017, PP.209-
220.

3 『붓다가 깨달은 연기법』, 이중표 지음, 불광출판사, 2020, PP.22-26.

4 『마음챙김과 통찰』, 로브 네른 · 초덴 · 헤더 리간아디스 지음, 구치
모 · 김광수 · 최우영 옮김, 산지니, 2022, PP.155-184.

5 『인간 붓다』, 이중표 역해, 불광출판사, 2024, PP.14-15.

6 흔히 색(色), 수(受), 상(想), 행(行), 식(識)을 오온이라 한다. 색(色)
은 우리가 물질이라고 간주하는 것이고, 나머지 수, 상, 행, 식은 정
신이라고 간주하는 것이다. 수(受)는 느끼는 정신이고, 상(想)은 생
각하는 정신이고, 행(行)은 행위를 선택하고 결정하는 정신이고, 식
(識)은 사물을 분별하여 인식하는 정신이다. 우리는 이 세상은 오온
으로 구성되어 있다고 간주하고 있다. 그러나 붓다는 오온은 외부에
실재하는 다섯 가지 요소가 아니라 18계에서 연기한 촉(觸)을 통해
'존재로 느껴지고 있는 것'이라고 말한다. 오온은 우리의 마음에서
연기한 것이다.

7 나 자신이 무엇을 경험하고 있는 순간을 반영하여 보면 나의 지각의
배후에는 '대상적 나'라는 본능적인 느낌이 존재함을 느낀다. 이것은
'나의 몸' 혹은 '나의 느낌'이라는 것이고, 이것은 '당신이 거기에 있

는 것'에 대조되는 '대상적 내가 여기(me here)'에 있다는 느낌이다.
이것을 대상적 나라고 말한다. 이 대상적 나라는 가정은 우리의 생
각과 느낌의 배후에 있으면서 생각하고 느끼는 자가 있다고 가정하
는 자아라는 느낌을 말한다. 그런데 그런 자아는 실재하지 않는다.

8 『인생의 괴로움과 깨달음』, 강성용 지음, 불광출판사, 2024, P.216.

9 팔정도 해설은 『팔정도』, 비구 보디 지음, 전병재 옮김, 고요한소리,
2022를 주로 참고하였음을 밝힌다.

7장 알아차림 확립을 위한 현대인의 지혜로운 삶

1 번아웃증후군은 오늘날의 경쟁사회에서 일에 지나치게 집중하다가
어느 시점에 몸과 마음이 피로감을 느끼고 갑자기 무기력해지는 증
상을 말한다. 이 증상은 직장인뿐만 아니라 주부와 학생들에게도 나
타나는 현대인의 질병이다.

2 『최고의 휴식』, 구가야 아키라 지음, 홍성민 옮김, 알에이치코리아,
2017.

3 『단순한 삶의 철학』, 엠리스 웨스타콧 지음, 노윤기 옮김, 책세상,
2017, PP.55-56.

4 『단순한 삶』, 샤를 와그너 지음, 문신원 옮김, 판미동, 2018, P.35.

5 『지금 이 순간을 살아라』, 에크하르트 톨레 지음, 노혜숙·유영일 옮
김, 양문, 2001.

6 위의 책, PP.77-108.

7 『틱낫한의 평화』, 틱낫한 지음, 김동섭 옮김, 인빅투스, 2015, P.174.

8 『나 없이는 존재하지 않는 세상』, 카를로 로벨리 지음, 김정훈 옮김,
쌤앤파커스, 2023, P.170.

9 위의 책, PP.177-178.

10 『협력의 진화』, 로버트 액설로드 지음, 이경식 옮김, 시스테마, 2024, PP.123-141.

11 찬드라 키르티(Chandrakirti)는 인도의 7세기경의 불교 학자이다. 용수의 저서 중론을 해석한 명구론과 입중론이 유명하다.

12 『자비 명상』, 제프리 홉킨스 지음, 김충현 옮김, 불교시대사, 2007, P.217.

13 위의 책, PP.217-252.

14 『통찰』, 구치모 지음, 산지니, 2023, PP.163-192.

15 공성은 진여(眞如)를 달리 이르는 말이다. 공(空)의 이치를 체득할 때에 나타나는 실성(實性)이라는 뜻이다.

16 사무량심(四無量心)이란 자애, 연민, 공감의 기쁨 그리고 평정심이다. 사무량심은 붓다 이전의 인도 베다 전통(vedic tradition)에 기원을 두고 있다.
   • 자애(loving-kindness)는 자신과 타인의 웰빙과 행복을 위하는 순수한 염원이다. 자애는 화와 혐오에 대한 해독제이다.
   • 연민(compassion)은 자신과 타인의 고통이 그치기를 바라는 마음이다. 연민은 욕망에 대한 해독제이다.
   • 공감의 기쁨(sympathetic joy)은 자신과 타인의 건강, 행운, 성공에 대해 기뻐하고 감사하는 것이다. 질투와 시기의 해독제이다.
   • 평정심(equanimity)은 모든 사람과 사물을 동등하게 대하는 것으로 편견에 사로잡히지 않는 공정한 마음을 말한다. 자만과 오만의 해독제이다.

17 사람의 세포핵 안에 있는 염색체 끝에는 마치 운동화 끈의 끝과도 같은 단단한 말단 조직이 있다. 이것이 텔로미어(telomere)이다. 텔로미어의 길이가 우리의 노화가 진행된 상태를 알려준다고 오늘날

의 과학이 밝히고 있다. 많은 연구에 의하면 명상을 하면 텔로미어의 길이가 빨리 짧아지지 않는다고 한다. 특히 용서하고 사랑하는 마음을 지니면 더 건강하고 오래 산다고 한다. 우리는 이것을 용서의 과학이라 한다.

18 『내면소통』, 김주환 지음, 인플루엔셜, 2023, P.585.

19 위의 책, PP.585-586.

20 『각성, 꿈 그리고 존재』, 에반 톰슨 지음, 이성동 · 이은영 옮김, 씨아이알, 2017, PP.23-30.

21 베단타학파는 힌두교의 철학 학파 중에서 가장 큰 세력을 형성한 학파였다. 상카라(Sankara, 788년~820년) 이후 불교의 사상을 흡수하여 인도철학의 패권을 장악하였다. 아드바이다 베단타(Advaita Vedenta), 즉 불이일원론(不二一元論, Non-Dualism)의 철학이 가장 영향력이 있는 베단타학파로 평가받는다.

22 *No Mind No Problem*, Ramaji, Ramaji Books, 2013, P.31.

23 숭산 행원 대 선사는 1927년 평안남도 순천에서 출생하였고 1947년에 승려가 되었다. 1949년 그는 한국 불교의 중흥조인 경허선사로부터 만공선사를 거쳐 고봉선사로 내려오는 법맥을 이어받아 22살에 이 법맥의 78대 조사가 되었다. 그는 1966년부터 30년간 세계 30여개 나라 120여 곳에 선원을 개설하여 한국 불교의 선(禪)을 전파하였다. 그는 달라이라마, 틱낫한, 마하고사난다와 함께 세계 4대 생불로 추앙받았다. 미국에서 일반 대중들에게 명상을 최초로 전파한 존 카밧진이 그의 제자이기도 하다.

24 『부처님께 재를 털면』, 숭산 스님 지음, 스티븐 미첼 엮음, 최윤정 옮김, 여시아문, 1999, P.29.

25 『오직 모를 뿐』, 현각 스님 편집, 은석준 옮김, 물병자리, 1999, PP.16-17; *ONLY DON'T KNOW: The Teaching Letters of Zen*

Master Seung Sahn, Providence Zen Center, 1991 참조.

26 위의 책, P.24.

27 위의 책, PP.27-28; 『선의 나침반 1 · 2』, 숭산 스님 지음, 현각 엮음, 허문명 옮김, 열림원, PP.186-187 참조.

찾아보기